中国农村金融论坛

CHINA RURAL FINANCE FORUM

致力于开展农村金融调查与研究，引领农村金融理念突破与创新，推动中国农村金融改革与发展

中国农村金融论坛书系
CHINA RURAL FINANCE FORUM BOOKS

农村集体产权权利分割问题研究

叶兴庆 著

中国金融出版社

责任编辑：丁　芊
责任校对：张志文
责任印制：陈晓川

图书在版编目（CIP）数据

农村集体产权权利分割问题研究（Nongcun Jiti Chanquan Quanli Fenge Wenti Yanjiu）/叶兴庆著．—北京：中国金融出版社，2016.4
（中国农村金融论坛书系）
ISBN 978 – 7 – 5049 – 8335 – 0

Ⅰ.①农…　Ⅱ.①叶…　Ⅲ.①农村—集体财产—产权—权利—分割—研究—中国　Ⅳ.①F. 321. 32

中国版本图书馆 CIP 数据核字（2016）第 038055 号

出版
发行　　**中国金融出版社**

社址　北京市丰台区益泽路 2 号
市场开发部　（010）63266347，63805472，63439533（传真）
网 上 书 店　http://www.chinafph.com
　　　　　　　（010）63286832，63365686（传真）
读者服务部　（010）66070833，62568380
邮编　100071
经销　新华书店
印刷　北京市松源印刷有限公司
尺寸　170 毫米 × 230 毫米
印张　12.25
字数　149 千
版次　2016 年 4 月第 1 版
印次　2016 年 4 月第 1 次印刷
定价　35.00 元
ISBN 978 – 7 – 5049 – 8335 – 0/F. 7895
如出现印装错误本社负责调换　联系电话（010）63263947

中国农村金融论坛简介

为推动中国农村金融改革与创新，支持金融服务"三农"和实体经济，中国金融四十人论坛与中国农业银行股份有限公司联合发起成立"中国农村金融论坛"。

作为非官方、非营利性学术研究组织，"中国农村金融论坛"致力于农村金融领域的调查研究，为农村金融界官、学、商提供一个专注于农村经济和金融的研究与交流平台，以独立而深入的调查研究和闭门研讨会为农村金融改革献计献策。

"中国农村金融论坛"采取成员制，论坛成员有权参与论坛组织的各项活动，包括季度闭门研讨会与"中国农村金融年会"、农村经济金融课题研究与调研等。

"中国金融四十人论坛"是一家非官方、非营利性的专业智库，专注于经济金融领域的政策研究。论坛成立于2008年4月12日，由40位40岁上下的金融精锐组成，即"40×40俱乐部"。本智库的宗旨是：以前瞻视野和探索精神，致力于夯实中国金融学术基础，研究金融领域前沿课题，推动中国金融业改革与发展。

中国农业银行股份有限公司是中国主要的综合性金融服务提供商之一，致力于建设面向"三农"、城乡联动、融入国际、服务多元的一流现代商业银行。中国农业银行凭借全面的业务组合、庞大的分销网络和领先的技术平台，向最广大客户提供各种公司银行和零售银行产品和服务，同时开展自营及代客资金业务，并通过子公司积极拓展投资银行、基金管理、金融租赁、人寿保险等业务领域。

前言

　　推进农村集体产权制度改革，就是要选择一种更有效率的产权制度安排，在成员集体与集体成员之间合理分割农用地、宅基地、集体经营性建设用地、非土地集体经营性资产的占有、使用、收益、处分等各项实际财产权利，以更好地适应市场经济条件下的资源跨社区配置、城镇化背景下的农村人口变动。

　　应按"落实集体所有权、稳定农户承包权、保护土地经营权"的思路重构农用地的产权体系。保持土地集体所有权主体稳定，从实际出发确定集体所有权权利主体的组织形式。承包期"长久不变"应有具体年限，鼓励创新承包权的实现方式和探索承包权的市场化退出机制。在承包权与经营权之间审慎分割农用地的占有、使用、收益、处分权能，既不能引发承包权利人的不满，又要体现对经营权利人的保护。

　　应按"落实集体所有权、划断农户成员权、审慎拓展使用权"的思路重构宅基地的产权体系。有必要明确和落实宅基地所有权的权能。选取一个时点，划断农户成员权，在赋予其70年的宅基地使用权的基础上，实行宅基地使用权"生不增、死不减、入不增、出不减"。对基于成员权依法免费申请获得的宅基地原始使用权，可赋予其较充分的权能；对通过各种流转方式获得的宅基地继受使用权，只应赋予其相对有限的权能。

应按"保障所有权、拓展使用权"的思路重构农村集体经营性建设用地的产权体系。在分配集体经营性建设用地使用和流转产生的收益时，突出所有权的地位，有偿使用收入由集体成员共享。集体土地所有者可以通过出让、出租、作价入股、联营等多种方式流转集体土地使用权，也可以抵押集体土地使用权；集体土地使用权利人可以转让、转租集体土地使用权。

应按"规范集体所有权权能、拓展集体成员股份权能"的思路重构非土地集体经营性资产的产权体系。重点是按照赋予农民更多财产权利的改革要求，对股份合作制框架下集体成员所获股权的权能进行全面拓展，从"收益分配权"拓展为"占有、收益、有偿退出和抵押、担保、继承权"。

重构集体所有制下"三块地、一块产"的产权体系，会遇到带有共性的难点，需要用一定的策略来化解：一是以还权于民为取向，解决好国家对农村集体资产赋权不足的问题；二是以有利于提高资源配置效率和城镇化健康发展为标准，审慎改造集体所有制的社区封闭性；三是兼顾差异性，按土地与非土地、农区与城郊、集体经济组织与社区自治组织"三分开"的思路稳步推进；四是防止改革碎片化；五是在改革探索与于法有据之间把握好平衡。

目录

中国农村金融论坛
CHINA RURAL FINANCE FORUM

第一章

研究背景与总体思路

一、农村集体所有制的演变

我国农村集体所有制是 20 世纪 50 年代中后期逐步形成的一种公有制形式。1962 年中共八届十中全会通过《农村人民公社工作条例修正草案》后，"三级所有、队为基础"的农村集体所有制得以最终确立。这既不是一种有完备的理论和法律基础、事先设计好的制度，也不是在前苏联实践过的制度，更不是在经济发展进程中自发形成的制度，而是一种在政治运动中形成的中国特有的制度安排（周其仁，1995；高飞，2012）。

经过 20 世纪 80 年代前期家庭联产承包责任制改革和 90 年代中期乡镇企业改制，以及后来的农村税费体制、"四荒"拍卖、草原承包制度、集体林权制度、小型农田水利体制等一系列改革，农村集体所有制的存在范围、实现形式乃至集体所有制下的产权结构都发生了深刻变化（国务院发展研究中心，2014a）。仅仅抽象地强调坚持"公有制为主体、多种所有制经济共同发展"是不够的。如果能够给出一个量化概念，就可以更加直观地刻画出农村所有制结构的真实状况。要达到这个目的，必须对农村各类财产进行估值。由于农村各类财产统计数据缺乏，特别是农村土地市场发育不充分、市场估值困难，需要采取变通办法才能进行近似估值。表 1 列出了我们对农村各类财产（不包括国有农场、国有林场等全民所有制单位占有和使用的资产）的粗略估算数。从中可以得出"两个近 70%、两个 80% 以上"的判断。

表1　　　　　　　　　2012 年中国农村净资产估算表

项目	面积 （亿亩）	资产估值 （亿元）	比例（%）
1. 农村总净资产		1273074.77	100
2. 国家所有、集体经营	22.61（注1）	17425.8（注2）	1.37
2.1 草原	22.61	17425.8	
3 国家所有、承包经营	27.39（注3）	21109.8（注4）	1.66

续表

项目	面积 （亿亩）	资产估值 （亿元）	比例（%）
3.1 草原	27.39	21109.8	
4. 集体所有、集体经营		134052.31	10.36
4.1 耕地	0.543（注5）	10842.83（注6）	
4.2 林地	3.06（注7）	2089（注8）	
4.3 草原	4.5（注9）	3468.2（注10）	
4.4 集体经营性建设用地	0.42（注11）	91474.32（注12）	
4.5 集体经营性资产（不包括土地）		24000（注13）	
5. 集体所有、个人经营（使用）		741671.02	58.26
5.1 耕地	17.557（注14）	350585.1（注15）	
5.2 林地	24.3（注16）	16594.02（注17）	
5.3 草原	5.5（注18）	4238.9（注19）	
5.4 宅基地	1.7（注20）	370253（注21）	
6. 个人所有、个人经营（使用）		360993.8	28.36
6.1 农户农业固定资产		19982.95（注22）	
6.2 农户非农产业固定资产		8509.74（注23）	
6.3 农户住宅		240270.9（注24）	
6.4 农村净存款		75832.28（注25）	
6.5 农村现金和其他金融资产		16397.93（注26）	

注：1. 我国草原面积约60亿亩，其中国家所有约50亿亩，占83%。据农业部统计，全国草原承包面积为33亿亩，占草原总面积的55%。假定承包面积中83%为国有草原，则国家所有、承包经营的草原面积为27.39亿亩，国家所有、集体经营的草原面积为22.61亿亩。

2. 国家未公布草原畜牧业产值，按亩产值100元估算，约为2261亿元。土地价值等于地租除以当年中长期贷款利率。借鉴周其仁在《产权与制度变迁——中国改革的经验研究》（2004，北京大学出版社，第36~37页）中关于地租占农业产值40%的估算，以2012年中长期真实贷款利率5.19%计算，则这22.61亿亩草原的价值为17425.8亿元。

3. 见注1。

4. 见注2。

5. 根据第二次全国土地调查，全国耕地面积20.31亿亩，其中集体所有制18.1亿亩。参考周其仁（2004）的算法，农村耕地中集体经营和农户经营各按占比3%和97%计算，则集体所有、集体经营耕地面积为 0.543 亿亩，集体所有、农户经营耕地面积为 17.557 亿亩。

6. 2012 年全国农业产值 46940 亿元，以地租占农业产值的 40% 计算，则 2012 年地租总额为 18776.184 亿元。土地价值等于地租除以当年中长期贷款利率，以 2012 年中长期真实贷款利率 5.19% 计算，则当期耕地总值约为 361427.98 亿元。参照周其仁（2004）的算法，集体经营和农户经营分别占比 3% 和 97%，则集体经营耕地价值 10842.83 亿元，农户经营耕地价值 350585.1 亿元（未剔除国有耕地）。

7. 根据国家林业局数据，截至 2011 年底，我国集体林地面积 27.36 亿亩，承包到户的集体林地 24.3 亿亩，占集体林地总面积的 88.8%，则剩余 3.06 亿亩归集体经营。

8. 根据中国经济社会发展统计数据，2012 年林业产值为 2359.4 亿元，以地租占林业产值的 40% 计算，则 2012 年林地地租总额为 1378.832 亿元。同样，以 2012 年真实贷款利率 5.19% 计算，当期林地总价值约为 26541.52 亿元。我国集体和国有林地总面积 38.86 亿亩，按照集体林地占比 70.4% 计算，则集体所有的林地总价值为 18686.97 亿元。按集体经营和农户经营林地在集体所有林地面积中占比 11.2% 和 88.8% 计算，则集体经营林地价值为 2089.2 亿元，农户经营林地价值为 16594.02 亿元。

9. 全国集体所有制草原约 10 亿亩，按承包经营面积占 55% 推算，集体经营面积约为 4.5 亿亩。

10. 推算方法见注 2。

11. 根据媒体报道，全国农村集体经营性建设用地为 0.43 亿亩。

12. 目前农村集体经营性建设用地使用权不能流转，没有成熟的市场价格数据。本报告采用与宅基地相同的估值方法，见注 21。

13. 据农业部统计，截至 2013 年底，全国农村集体非土地经营性资产账面总额为 2.4 万亿元。农村集体经济组织既存在负债，也存在账面资产低估问题，假定两个因素能够完全对冲，可以将此账面资产视同净资产。

14. 见注 5。

15. 见注 6。

16. 见注 7。

17. 见注 8。

18. 见注 9。

19. 推算方法见注 2。

20. 据媒体报道，全国农村宅基地为 1.7 亿亩。

21. 宅基地使用权不能买卖，其市场价值按耕地价值与建设用地指标价格之和推算。根据本报告推算，耕地亩价值为 17796 元；根据成都、重庆等地经验，在增减挂钩试点中，宅基整理退耕后亩建设用地指标市场交易价格约 20 万元。据此汇总，宅基地亩价值约 21.7796 万元。

22. 2012 年农村总户数 26802.32 万户，以农业固定资产原值 7455.68 元/户计算，2012 年农业固定资产原值为 19982.95 亿元。

23. 本书采用农村居民家庭生产性固定资产原值中工业、建筑业和其他之和表示农户非农产业固定资产，计算得出 2012 年农户非农产业固定资产为 8509.74 亿元。

24. 据《中国统计年鉴（2014）》，2012 年全国农村居民家庭人均住房面积 37.09 平方米，价值 681.9 元/平方米。按农村户籍人口 9.5 亿计算，全国农村住房价值为 240270.8 亿元。

25. 根据周振等（2015）研究，2012 年农村信用社中农村净存款为 28958.72 亿元，农村商业银行中农村净存款为 23735.95 亿元，中国农业银行农村净存款为 7367.09 亿元，中国邮政储蓄银行农村净存款为 15770.52 亿元，农村净存款合计为 75832.28 亿元。

26. 居民手中持有现金和其他金融资产以货币供应中流通现金进行计算，2012 年流通中的现金为 54659.77 亿元，农户持有现金按占比 30%计算，则农户持有现金约为 16397.93 亿元。

第一，集体净资产占农村总净资产的近 70%。全国 127 万亿元农村总净资产中，所有权属于农村集体的为 87.35 万亿元，占 68.62%；所有权属于国家的为 3.9 万亿元，占 3.02%；所有权属于个人的为 36.1 万亿元，占 28.36%。

第二，土地资产占农村总净资产的近 70%。土地资产共达 88.81 万亿元，占 69.76%，非土地集体和个人资产合计 38.5 万亿元，占 30.24%。

第三，集体净资产中归个人经营和使用的部分占 80%以上。87.35 万亿元集体净资产中，已有 74.17 万亿元归个人使用和经营，占 85%。

第四，全部净资产中归个人经营和使用的部分占 80%以上。国家所有承包经营、集体所有个人经营、个人所有个人经营的资产总额达到 112.38 万亿元，占农村总净资产的 88%。

这组数据表明，从"所有"看，集体所有权仍然占主体地位；从"用益"看，个人使用权已占绝大部分。农村集体所有制的实现形式确实发生了巨大变化，集体所有、个人使用的格局已经形成。

尽管如此，截至目前农村集体所有制的基本特征依然保存完整：集体所有权由成员集体享有，但成员不能以个人身份享有和行使集体所有权；成员子女、配偶等遵循一定规则自动获得对集体所有权的分享权利，取得成员权不需要支付对价；成员权不可交易、继承，若成员死亡或退出其成员权自然丧失；土地的集体所有权不可买卖，成员不能请求分割土地集体所有权①。具备这些特征的农村集体所有制，与共有、总有等团体所有权制度并不完全相同，与全民所有、城镇集体所有等公有制也存在很大差异（国务院发展研究中心，2014c；小川竹一，2006；高飞，2012）。表2从多个维度对农村集体所有制与其他团体所有制进行了比较。农村集体所有制的这套制度安排，具有明显的弊端：农村集体产权归属不清晰、权责不明确、保护不严格、管理不到位。这与市场经济条件下的资源跨社区配置、城镇化背景下的农村人口变动不相适应。因此，迫切需要对农村集体所有制特别是土地集体所有制的组织形式、实现方式、发展趋势等重大课题进行研究②。

表2　　　　　　　　　集体所有与其他团体所有的比较

	集体所有	共有		总有
		共同共有	按份共有	
定义	农民集体所有的不动产和动产，属于本集体成员集体所有	共同共有人对共有的不动产或者动产共同享有所有权	按份共有人对共有的不动产或者动产按照份额享有所有权	一个团体（如氏族、部落）对不动产或者动产享有所有权，团体成员的增减变化不影响团体的所有权

① 党的十八届三中全会《关于全面深化改革若干重大问题的决定》的提法是"坚持农村土地集体所有权"，党的十八届四中全会《关于全面推进依法治国若干重大问题的决定》的要求是"创新适应公有制多种实现形式的产权保护制度，加强对……集体资产产权……的保护"。我们认为，坚持农村土地集体所有权与坚持农村集体所有制是有区别的。现实生活中，土地以外的其他集体资产的所有权是可以买卖的，乡镇企业改制就是这种情形；也可以出售后在集体成员间进行货币化分割，一些地方在撤村改居的过程中有这种操作办法。

② 习近平总书记2013年12月23日在中央农村工作会议上的讲话中首次明确提出了这一要求（习近平，2013）。

	集体所有	共有		总有
		共同共有	按份共有	
实例	农村土地等集体资产	夫妻财产、家庭财产、分割前的遗产；改制前的集体所有制乡镇企业	同居期间共同出资形成的财产；合伙制；农民合作社的公共积累；按照十八届三中全会《关于全面深化改革若干重大问题的决定》精神赋予农民对集体资产股份有偿退出权后的股份合作制	德国与瑞士边界附近的一处牧场，源于罗马时代一个将军的封地
成员与团体的权利分割	占有、使用、收益、处分权可以由成员集体统一行使（改革前），也可以在成员集体与成员个体之间分割（改革后）	占有、使用、收益、处分权由共有人共同行使	占有、使用、收益、处分权由共有人共同行使	占有、处分权由团体行使，使用、收益权由成员行使
进入机制	因出生、婚姻等自动成为集体成员，无须支付对价	依法律规定成为共有人，无须支付对价	依约定成为共有人，按照出资额享有份额	因出生、婚姻等自动成为团体成员，无须支付对价
退出机制	成员不得请求分割土地所有权	共同共有人在共有的基础丧失或者有重大理由需要分割时可以请求分割财产	按份共有人可以随时请求分割	成员不得请求分割财产

二、改革农村集体产权制度的新要求

党的十八届三中全会《关于全面深化改革若干重大问题的决定》（以下简称十八届三中全会《决定》）强调，"坚持农村土地集体所有权，依法维护农民土地承包经营权，发展壮大集体经济"，"赋予农民更多财产权利"，"建立兼顾国家、集体、个人的土地增值收益分配机制，合理提高个人收益"。在承包地制度方面，要求"赋予农民对承包地占有、使用、收益、流转及承包经营权抵押、担保权能，允许农民以承包经营权入股发展农业产业经营"；在集体经营性建设用地入市方面，要求"在符合规划和用途管制前提下，允许农村集体经营性建设用地出让、租赁、入股，实行与国有土地同等入市、同权同价"；在宅基地制度方面，要求"保障农户宅基地用益物权，改革完善农村宅基地制度，选择若干试点，慎重稳妥推进农民住房财产权抵押、担保、转让"；在集体经营性资产方面，要求"保障农民集体经济组织成员权利，积极发展农民股份合作，赋予农民对集体资产股份占有、收益、有偿退出及抵押、担保、继承权"；在农村产权市场方面，要求"建立农村产权流转交易市场，推动农村产权流转交易公开、公正、规范运行"。

党的十八届四中全会《关于全面推进依法治国若干重大问题的决定》（以下简称十八届四中全会《决定》）指出，"使市场在资源配置中起决定性作用和更好发挥政府作用，必须以保护产权、维护契约、统一市场、平等交换、公平竞争、有效监管为基本导向，完善社会主义市场经济法律制度"，"健全以公平为核心原则的产权保护制度，加强对各种所有制经济组织和自然人财产权的保护，清理有违公平的法律法规条款"，"创新适应公有制多种实现形式的产权保护制度，加强对国有、集体资产所有权、经营权和各类企业法人财产权的保护"。

2014年中央1号文件对深化农村产权制度改革作出了全面部署。

（1）在承包地制度方面，要求"稳定农村土地承包关系并保持长久不变，在坚持和完善最严格的耕地保护制度前提下，赋予农民对承包地占有、使用、收益、流转及承包经营权抵押、担保权能"，"在落实农村土地集体所有权的基础上，稳定农户承包权、放活土地经营权，允许承包土地的经营权向金融机构抵押融资"，"有关部门要抓紧研究提出规范的实施办法，建立配套的抵押资产处置机制，推动修订相关法律法规"，"抓紧抓实农村土地承包经营权确权登记颁证工作，充分依靠农民群众自主协商解决工作中遇到的矛盾和问题，可以确权确地，也可以确权确股不确地"，"稳定和完善草原承包经营制度，2015年基本完成草原确权承包和基本草原划定工作"。（2）在引导和规范农村集体经营性建设用地入市方面，要求"加快建立农村集体经营性建设用地产权流转和增值收益分配制度"，"有关部门要尽快提出具体指导意见，并推动修订相关法律法规"，"各地要按照中央统一部署，规范有序推进这项工作"。（3）在农村宅基地制度改革方面，要求"完善农村宅基地分配政策，在保障农户宅基地用益物权前提下，选择若干试点，慎重稳妥推进农民住房财产权抵押、担保、转让"，"加快包括农村宅基地在内的农村地籍调查和农村集体建设用地使用权确权登记颁证工作"。（4）在集体经营性资产方面，要求"推动农村集体产权股份合作制改革，保障农民集体经济组织成员权利，赋予农民对落实到户的集体资产股份占有、收益、有偿退出及抵押、担保、继承权，建立农村产权流转交易市场，加强农村集体资金、资产、资源管理，提高集体经济组织资产运营管理水平，发展壮大农村集体经济"。

2015年中央1号文件对农村集体产权制度改革作出了进一步部署，要求"探索农村集体所有制有效实现形式，创新农村集体经济运行机制"，"加强对农村集体资产所有权、农户土地承包经营权和农民财产权的保护"，"出台稳步推进农村集体产权制度改革的意见"，"完善有利于推进农村集体产权制度改革的税费政策"，"抓紧研究起草农村集体经济组织条例"。（1）对土地等资源性资产，"重点是抓紧抓实土地承包经营权确权登记颁证工作，扩大整省推进试点范围，总体上要确地到户，从严掌握确权确股不确地的范围"，"抓紧修改农村土地承包方面的法律，明确现有土地承包关系保持稳定并长久不变的具体实现形式，界定农村土地集体所有权、农户承包权、土地经营权之间的权利关系"。（2）对非经营性资产，"重点是探索有利于提高公共服务能力的集体统一运营管理有效机制"。（3）对经营性资产，"重点是明晰产权归属，将资产折股量化到本集体经济组织成员，发展多种形式的股份合作"，"开展赋予农民对集体资产股份权能改革试点，试点过程中要防止侵蚀农民利益，试点各项工作应严格限制在本集体经济组织内部"。同时，还要求"充分发挥县乡农村土地承包经营权、林权流转服务平台作用，引导农村产权流转交易市场健康发展"。

三、改革核心与研究思路

按照十八届三中、四中全会《决定》和2014年、2015年中央1号文件精神，研究农村集体所有制的组织形式、实现方式、发展趋势，核心在于研究农村集体产权权利体系的发展变化。产权是所有制的核心①，是一组权利。同一所有制下，产权可以细分为各种具体权能，包括占有、使用、收益、处分四大权能；四大权能中的每一项权能又可进一步细分，如处分权可以细分为出让、出租、转让、转租、抵押、担保、继承、买卖等权能。在人类社会早期发展阶段，所有权与所有权人是紧密结合的，所有者自有自用自营自享。随着经济社会发展，为了提高资源配置效率，所有权的具体权能越来越多地与所有权人发生分离。最典型的是现代企业制度中所有权与经营权分离，经营权演变为法人财

---

① 这是党的十八届三中全会《决定》作出的重要论断。

产权①。这种分离是基于法律的规定或当事人的约定而产生的，并不导致所有权人丧失其对财产的所有权。

这意味着，在"坚持公有制主体地位"、"坚持农村土地集体所有权"的前提条件下，土地等农村集体资产的占有、使用、收益、处分权能可以部分地让渡给集体成员或其他外部人员。依让渡的程度和方式的不同，可以有多种集体产权制度安排。集体所有制可以与多种集体产权制度安排相匹配，使推进农村集体产权制度改革成为可能，也使探索更有效率的集体所有制组织形式和实现方式成为可能。改革农村集体产权制度，不是要改变农村集体所有制，而是要选择一种更有效率的产权制度安排，把农村土地等集体资产的占有、使用、收益、处分等各项实际财产权利界定清楚②。

---

① 法人财产权是一种非常充分的产权，包括对股东注入的原始出资、公司从事生产经营活动后的增值财产、公司所创造的工业产权、非专利技术和商誉等无形资产在内的公司全部财产享有独立的支配权，即享有占有、使用、收益和处分的权利。伯利和米恩斯（2004）揭示了现代企业的所有权和经营权的"两权分离"，史正富等（2012）甚至提出了资本所有权、资本经营权即企业所有权、企业经营权的"三权分离"。

② 甘藏春（2014）认为，权能的配置、权能的分化和细化，是下一步改革的难点。刘守英（2014a）认为，必须通过集体所有制的深化改革，重构农村土地集体所有权、使用权、转让权权利体系，为农民提供完整的、权属清晰的、有稳定预期的土地制度结构。罗必良（2014）也认为，由于土地集体所有制不会被改变，产权的细分、产权的交易以及产权的配置就成为中国推进实践创新的基本线索。

第二章

农用地的产权重构

集体所有制土地的绝大部分是农用地，包括耕地、林地、草地、养殖水面等①。据国土资源部第二次全国土地调查，全国农村集体土地总面积为 66.9 亿亩，其中农用地为 55.3 亿亩②。这是农村集体资产的主体部分。

20 世纪 50 年代中后期农业合作化运动进入高级社阶段后，农用地的私人所有制开始终结、集体所有制开始形成。1962 年《农村人民公社工作条例修正草案》颁布后，"三级所有、队为基础"的农村集体所有制最终确立。在人民公社时期，实行"集体所有、统一经营、集中劳动、按工分分配"，农用地的所有权与使用权高度统一。20 世纪 70 年代末 80 年代初，实行家庭承包经营，农用地（主要是耕地）的集体所有权与农户承包经营权实现了分置。后来家庭承包经营制度推广到草原和林地，这两部分农用地也实现了集体所有权与农户承包经营权的分置。"两权分置"既避免了土地私有化之嫌，又将农用地产权的大部分权能界定给了集体成员，极大地调动了农民生产积极性。

党的十八届三中全会《决定》强调，"赋予农民对承包地占有、使用、收益、流转及承包经营权抵押、担保权能，允许农民以承包经营权入股发展农业产业化经营"。落实这一改革要求，需要明确流转、抵押、担保、入股的客体究竟是承包经营权、承包权还是经营权。为此，2014 年中央 1 号文件进一步明确指出，"在落实农村土地集体所有权的基础上，稳定农户承包权、放活土地经营权，允许承包土地的经营权向金融机构抵押融资"。这表明，把土地承包经营权分设为承包权和经营权，实行所有权、承包权、经营权"三权分置"，是农用地产权制度演变的大趋势。发挥好"三权分置"的积极作用，预防可能带来的负面效应，关键是要合理界定农用地所有权、承包权、经营权的权能范围，把三者各自的具体权利一道道界定清楚。

---

① 北方草原大部分属于国家所有，南方草山草坡多属于集体所有。

② 见《经济参考报》2014 年 12 月 2 日第二版。

一、"两权分置"的演变过程①

从 1978 年安徽凤阳小岗村率先实行大包干，到 1983 年底全国 97.8% 的农村基本核算单位实行包干到户，在短短几年间，我国就建立起了统一经营与分散经营相结合、以家庭承包为主要形式的联产承包责任制。在这种制度安排下，农用地的集体所有权与农户承包经营权开始发生分离②，但集体所有权仍很强大：一是发包权，通过承包合同对农户加以约束，并保留一定比例的机动地；二是生产经营计划权，集体向农户下达粮食等大宗农产品种植和统派购计划；三是统一经营权，"办好社员要求统一办的事情，如机耕、水利、植保、防疫、制种、配种等"③；四是收益分配权，农户在处置农产品时必须上交集体提留。此时，农户只是获得有限的生产经营自主权，如自由支配劳动时间、自由处置"上交国家、留足集体"后剩余的生产经营收益。

从 1984 年开始，农用地的占有、使用、收益、处分四大权能开始在集体所有权与农户承包经营权之间进行新的分割，总的趋势是收缩前者的权能、扩张后者的权能，农用地的各项权能不断由集体让渡给承包户（见表3）。

表3　　　农用地产权在集体与承包户之间分割的历史脉络

权能	收缩集体所有权权能	扩大农户承包经营权权能
占有	反复强调发包方不得收回、调整承包地；1997 年提出集体预留机动地比例不得超过 5%，	1984 年提出土地承包期一般应在 15 年以上；1993 年提出在原定的耕地承包期到期之后再延长 30 年不变，提倡在承包期内实行"增人不增地、减人

① 本节内容参见叶兴庆（2013a）。
② 曾在不同文献中称作"生产经营自主权"、"土地使用权"、"土地承包权"、"承包地使用权"，2003 年《农村土地承包法》颁布施行后稳定地使用"土地承包经营权"。
③ 见 1983 年中央 1 号文件。

权能	收缩集体所有权权能	扩大农户承包经营权权能
占有	清理整顿"两田制"和"反租倒包"	不减地";2003 年提出全家进入小城镇落户的可以不退回承包地;2008 年提出现有土地承包关系保持稳定并长久不变;2011 年提出无论全家进入什么类型城镇落户都可不退回承包地
使用	反复强调发包方不得干预承包方依法进行正常的生产经营活动	1985 年中央 1 号文件规定,任何单位都不得再向农民下达指令性生产计划;2003 农村土地承包法规定,承包方有权自主组织生产经营和处置产品
收益	农村税费改革取消"三提五统"、农民不再向集体缴纳土地承包费	大包干时即开始实行"上交国家的,留足集体的,剩下全是自己的";1984 年允许转出户向转入户收取一定数量的平价口粮;反复强调有偿流转;2004 年开始按承包主体发放农业直接补贴
处分	反复强调集体经济组织不得强制农民流转承包地	1984 年提出农户可以自找对象协商转包;2003 年农村土地承包法规定通过家庭承包取得的土地承包经营权可以依法采取转包、出租、互换、转让或者其他方式流转

　　在农用地的占有权方面,相关中央文件和法规反复强调集体经济组织不得违背农民意愿强制收回和调整农户承包地,1997 年明确提出在二轮延包中集体预留机动地比例不得超过 5%、对"两田制"(口粮田按人均分,责任田竞价承包)要清理整顿、对"反租倒包"(集体从农户手中租赁土地,再高价发包给部分农户或外来经营者)要禁止推行。为维护农户承包经营权,中央采取了一系列重大步骤:1984 年中央 1 号文件提出,土地承包期一般应在 15 年以上;1993 年中央 11 号文件提出,在原定的耕地承包期到期之后再延长 30 年不变,提倡在承包期内实行"增人不增地、减人不减地";2003 年农村土地承包法规定,全家进入小城镇落户的可以不退回承包地;2008 年十七届三中全会《关于

推进农村改革发展若干重大问题的决定》（以下简称十七届三中全会《决定》）提出，现有土地承包关系保持稳定并长久不变；2011 年国务院办公厅关于户籍制度改革的文件提出，无论全家进入什么类型城镇落户都可不退回承包地。

在农用地的使用权方面，从实行大包干起，集体经济组织就不再直接利用农用地开展农业生产活动，相关中央文件和法规反复强调集体经济组织不得干预承包户依法进行正常的生产经营活动。为维护承包户独立的市场主体地位，1985 年中央 1 号文件规定，任何单位都不得再向农民下达指令性生产计划；2003 年《农村土地承包法》规定，承包方有权自主组织生产经营和处置产品。

在农用地的收益权方面，推行农村税费改革，取消了乡统筹、村提留，实际上就是取消了集体经济组织收取农民土地承包费的权利。承包户获得的农用地收益权一再扩大：大包干时即开始实行"上交国家的，留足集体的，剩下全是自己的"，承包户从农业生产经营中获取收益；1984 年就允许转出户向转入户收取一定数量的平价口粮，后来反复强调有偿流转，承包户从农用地流转中获取收益；2004 年开始的农业直接补贴按承包主体发放，承包户从国家补贴政策中获取收益。

在农用地的处分权方面，相关政策和法规反复强调集体经济组织不得强制农民流转承包地。虽然 2007 年颁布施行的《物权法》规定土地承包经营权具有占有、使用、收益的权能，没有将处分权明确界定给土地承包经营权，但承包户实际上已获得包括多种方式流转在内的部分处分权：1984 年中央 1 号文件提出，农户可以自找对象协商转包；2003 年《农村土地承包法》规定，通过家庭承包取得的土地承包经营权可以依法采取转包、出租、互换、转让或者其他方式流转；2007 年《物权法》规定，承包户有权将土地承包经营权采取转包、互换、转让等方式流转；2008 年十七届三中全会《决定》，增加了股份合作的流转方式；2013 年十八届三中全会《决定》，允许土地承包经营权抵押、担保，使承包户获得的处分权更加完整。

在近 30 年的不断分割过程中，土地承包关系实现了从合同约定向国家赋权的重大转变，家庭承包经营实现了从生产经营责任制改革向产权制度改革的重大转变，土地承包经营权实现了从生产经营自主权向用益物权，乃至"准所有权"的重大转变，农用地所有权与承包经营权分离的制度框架基本定型。

需要指出的是，30 多年来农用地产权向农户承包经营权倾斜有其特殊的时代背景。一是良好的制度绩效，使家庭经营的优越性得到广泛认同。以家庭承包经营为基础、统分结合的双层经营体制，极大地调动了农民积极性，解放和发展了农村生产力。1984 年与 1978 年相比，全国粮食产量提高了 34%、农民人均纯收入提高了 166%。巨大的改革红利赢得了大多数人对农村改革的支持。尽管 1985 年全国粮食减产后经历了 4 年停滞和徘徊，引起了一些人对农村改革的质疑，认为"家庭联产承包责任制的潜力已尽"，主张增强集体统一经营的作用，甚至完全恢复到以前的集体统一经营，但多数人仍坚信农业天然适合家庭经营。二是集体所有权对农户承包经营权的侵犯时有发生，危及一些地方农村社会稳定。早期主要体现为多留机动地，频繁调整土地承包关系，不少地方没有将承包期延长到中央规定的 15 年、30 年。后来主要体现为通过"两田制"和"反租倒包"，以壮大集体经济、增加集体经济组织收入之名，行加重农民负担之实。再后来就是为招商引资、发展规模经营，强迫农民流转土地。这些情况的反复出现，引发农民不满，也引起中央警觉。"30 年不变，30 年后也没有必要变"，给农民"吃定心丸"，成了国家给农民的政治承诺。三是农民非农就业不稳定、社会保障缺失，强化了土地承载的就业、增收和社会保障功能。农村改革以后一个较长时期内，不少家庭对农业收入依赖较大，农民非农就业很不稳定，又没有社会保障，全社会对"土地是农民最重要的生计保障"有高度共识。

在一定的历史阶段，强调保护农户土地承包经营权，是正确和必要的。但也必须清醒地看到，强调保护农户土地承包经营权的背景和条件，已经或正在发生变化：从集体经济组织推动土地流转的动机看，一些地方不仅不再指望从土地流转中截留租金、为集体创收，反而对土地流转实行补贴；从家庭经营的制度绩效看，随着农村劳动力逐步向外转移，小规模兼业农户，特别是以非农收入为主的小规模兼业农户缺乏提高农业生产效率的内在激励；随着农户就业和收入非农化程度越来越高，以及农村低保、新农合、新农保等社会保障制度的建立健全，土地承载的就业、增收、保障功能在逐步减退。如何顺应这些变化，与时俱进地深化农村改革、完善农村基本经营制度，是走中国特色农业现代化道路的核心。

二、"三权分置"的历史必然

土地承包经营权是承包权和经营权的混合体。承包权属于成员权，只有集体成员才有资格拥有，具有明显的社区封闭性和不可交易性。经营权属于财产权，可以通过市场化的方式配置给有能力的人，具有明显的开放性和可交易性。在人口不流动、土地不流转的情形下，这样两种差异较大的权利可以浑然一体、相安无事。但情况正在起变化，承包主体与经营主体在逐步分离。2013 年全国农民工达到 2.69 亿人，其中外出农民工达到 1.66 亿人，在外出农民工中有 3400 多万人是举家外出的。就业结构、就业地点的变化，为土地流转创造了条件。据农业部统计，截至 2014 年 6 月底，全国农户承包土地流转面积达 3.8 亿亩，占家庭承包耕地面积的 28.8%。随着承包农户外出务工增多、土地流转加快、土地融资需求扩张，承包主体与经营主体分离的情况还会进一步增多，承包权与经营权继续混为一体会带来法理上的困惑和政策上的混乱。

为解决这个问题，社会上提出了多种解决思路：一是主张"做实集体所有权"，让集体经济组织成为事实上的土地所有权主体，农民承包集体土地要支付费用；二是主张实行"国有永佃"、"国有永包"，土地所有权收归国家所有，赋予农民永久租佃权；三是主张废除土地集体所有制，将土地所有权交给农民，实现所有权与使用权的统一；四是主张对土地承包经营权进行再分割，实行所有权、承包权、经营权"三权分置"，赋予经营权相对独立的权能（张红宇，2013；叶兴庆，2013a）。实际上，为在维护承包户权益和促进承包地流转之间寻找平衡点，一些专家和基层干部早在 20 世纪 90 年代初就提出过"明确所有权、稳定承包权、放活经营权"的提法，2001 年中央 18 号文件也有意识地使用过"承包地使用权流转"的概念。近年来，吉林、山东、云南等地为规避《担保法》、《物权法》关于土地承包经营权不能抵押的法律障碍，从土地承包经营权中分离出"国家补贴收益权"、"经营收益权"、"使用权"、"流转权"、"流转经营权"，并以其办理银行质押、抵押贷款。

2013 年 7 月，习近平总书记在湖北考察时指出，深化农村改革，完善农村基本经营制度，要好好研究土地所有权、承包权、经营权三者之间的关系。2013 年底召开的中央农村工作会议明确指出，顺应农民保留土地承包权、流转土地经营权的意愿，把农民土地承包经营权分为承包权和经营权，实现承包权和经营权分置并行，这是我国农村改革的又一次重大创新。2014 年中央 1 号文件进一步明确指出，在落实农村土地集体所有权的基础上，稳定农户承包权、放活土地经营权，允许承包土地的经营权向金融机构抵押融资。2014 年 11 月中共中央办公厅、国务院办公厅印发的《关于引导农村土地经营权有序流转发展农业适度规模经营的意见》提出，坚持农村土地集体所有，实现所有权、承包权、经营权三权分置，引导土地经营权有序流转；抓紧研究探索集体所有权、农户承包权、土地经营权在土地流转中的相互权利关系和具体实现形式。这预示着，把土地承包经营权分设为承包权和经营权，实行所有权、承包权、经营权"三权分置",将是未来农用地产权制度演变的大趋势。

三、按"三权分置"的思路重构农用地产权体系

实行"三权分置",关键是要合理界定农用地所有权、承包权、经营权的权能范围。根据党的十八届三中全会《决定》、2014 年中央 1 号文件和中共中央办公厅、国务院办公厅印发的《关于引导农村土地经营权有序流转发展农业适度规模经营的意见》精神,综合权衡基本国情、路径依赖、改革成本,下一步应按照"落实集体所有权、稳定农户承包权、保护土地经营权"的思路,进一步明确三者在占有、使用、收益、处分方面的权能边界(见表 4)。

表 4 　　　　　　　　　　农用地的产权重构

	所有权	承包权	经营权	
			基于成员权、通过家庭承包获得的原始经营权	通过市场流转获得的继受经营权
占有	监督和管理承包方、经营者,特定情形下收回承包地	70 年的排他性控制、支配	70 年的排他性控制、支配	合同约定但不超过剩余承包期的排他性控制、支配
使用	特定情形下统一经营	利用承包地从事农业生产经营	利用承包地从事农业生产经营	利用流转土地从事农业生产经营
收益	特定情形下统一经营获得的收益,参与承包地征收补偿费分配	参与承包地征收补偿费分配、获取有偿退出收益	农业生产经营收益、国家农业补贴、流转收益	农业生产经营收益、国家农业补贴
处分	不得买卖	承包期内自愿有偿退还集体经济组织,不得抵押、担保、继承	承包期内可出租、转让、入股、抵押、担保、继承	合同期内可出租、转让、入股、抵押、担保、继承

（一）落实集体所有权

过去 36 年来，农用地的集体所有权的权能在全面收缩。在推行和巩固家庭承包经营制度、防范基层干部随意调整和强制流转农户承包地、减轻农民负担、给农民"吃定心丸"的时代背景下，把维护农民土地承包经营权作为主要政策取向是必要的。但对这种农用地产权不断向承包户分割的政策取向，有些人持不同意见，认为限制集体经济组织调整和收回农户承包地、取消土地承包费等做法是错误的①。这些人担心，土地承包关系长久不变以后，农用地的集体所有权有名存实亡的可能。也有一些人认为农用地产权向承包户倾斜得还不够，应该实行"国有永佃"，国家只拥有名义上的所有权，农户拥有永久使用权；有些人甚至主张实行农户私有制。

我们认为，农户拥有完整的土地产权，甚至私有产权，并非必然有利于土地流转和经营规模扩大，甚至有可能成为土地流转和集中的障碍，日本、韩国和我国台湾地区 60 多年来的情况足以证明这一点（叶兴庆，2013b）。就连一些日本农经学者都认为，在坚持土地集体所有的条件下，中国在规模经营的道路上可能将比日本更顺利，原因在于土地集体所有更有利于实行耕者有其田的原则，并且在集中离农者耕地方面，比实行土地私有制有更多的办法（张路雄，2008）。问题的关键在于，既不能重蹈以前那种集体所有、统一经营、集中劳动的覆辙，也不能陷入农户占而不用、闲而不租、荒而不让的困境；既不能把集体所有权的权能搞得过大，也不能一味地虚化、淡化集体所有权。现阶段落实集体所有权，着力点应是尊重和落实好集体经济组织在占有、处分方面

---

① 韩松（2009）认为，改革 30 年来，着力点放在强化承包经营权的效力，集体所有权被极大地虚化和弱化，由此引发了一系列的农村社会治理问题；贺雪峰（2014）也认为，"当前农村出现了普遍的人地分离，而农民耕地规模小、土地细碎，现有农用地产权安排导致农民耕作极为不便。从事农业生产的农民最迫切的愿望是整合细碎的土地产权，从而形成小块并大块的连片经营。要做到这一点，最基本的办法是强化村社组织为方便农户耕作而调整土地的权利，而不是无限扩大农户对每块具体土地的权利。正在农村进行的土地确权试点，将导致当前农村细碎分散的土地产权的整合成本极高，以至于土地根本就无法有效耕作"。

的权能，发挥其在处理土地撂荒方面的监督作用、在平整和改良土地方面的主导作用、在建设农田水利等基础设施方面的组织作用、在促进土地集中连片和适度规模经营方面的桥梁作用。

落实集体所有权需要注意五点：一是应保持土地集体所有权主体的稳定。妥善处理土地集体所有权确权过程中遗留的问题，根据改革前基本核算单位情况将土地所有权确权到村民小组或村民委员会或乡镇范围的农民集体，不宜打乱原基本核算单位的边界，防止不同集体所有者之间土地产权的平调①。二是从实际出发确定集体所有权权利主体的组织形式。经济发达地区可普遍成立村经济联合社、组经济合作社，作为土地集体所有权的产权代表。经济欠发达地区可继续由村民委员会代行村级、组级集体经济组织职能，以利于减轻集体负担，但要以土地所有权边界清晰为前提，这类似于目前普遍实行的"村财乡管"。三是现阶段不宜通过扩大集体经济组织调整和强制收回农户承包地的权利来体现所有权，也不宜通过收取土地承包费、参与土地流转租金分配来体现所有权。否则，极易发生侵犯农户承包权的问题。但在土地流转给非本村（组）集体成员或村（组）集体受农户委托统一组织流转并利用集体资金改良土壤、提高地力的情形下，可向本集体经济组织以外的流入方收取基础设施使用费和土地流转管理服务费，用于农田基本建设或其他公益性支出。四是在农户承包地被依法征收时，集体所有权可适度参与土地补偿费的分配。五是应重新认识和对待一些地方集体经济组织行使处分权的做法。比如，"反租倒包"。在以前的"反租倒包"中，村集体普遍实行低进高出，以偏低的价格强制性收回农户承包地，再高价发包给部分农户或工商企业，从中截留土地流转费。在现在的"反租倒包"或"委托流转"中，村集体从原承包户手中把土地租过来，经过整理后，再按一定标准连片分包给适度规模经营者，不仅村集体不截留土地流转费，而且地方政府和村集体还要给予流转奖励。上海市松江区发展

---

① 一些地方在推进"小村并大村"、"新型农村社区建设"中，尤其要注意这一点。

家庭农场的做法，就是新形势下的"反租倒包"，在保护承包户权益、促进粮食生产适度规模经营方面取得了明显效果。

（二）稳定农户承包权

在土地私有制国家，为适应所有者与使用者分离的需要，一般实行土地所有权与使用权"两权分置"。我国的特殊性在于，既要适应土地所有者（农民集体）与所有者成员（农户）分离的客观趋势，又要适应所有者成员（承包户）与土地实际利用者（经营者）分离的一般规律。以成员权为基础，从土地集体所有权中分离出农户承包权，承认农民拥有独立的土地承包权，无论在理论上还是在实践中都具有极其重要的意义。

稳定农户承包权，要把握好五点：一是起点公平只是相对的。承包权是集体经济组织成员平等拥有的一种成员权。承包期长期化与集体成员不断变化是矛盾的，但又不能根据成员变化无休止地调整承包关系。一些地方鉴于二轮承包以来农户之间人地关系变化较大，主张在落实"长久不变"之前，对土地承包关系进行一次调整。是否调整、如何调整，应从实际出发，尊重群众意见。一旦落实"长久不变"，就应当在承包期内实行"生不增、死不减"。家庭承包的本质，是家庭成员共有承包权，承包权是家庭共有产权。"长久不变"后的外嫁女、入赘男、离婚妇、新生儿等家庭新老成员，是该家庭已获得的承包权的共有人，不能再简单地称之为"无地人口"。二是"长久不变"应有具体年限。鉴于承包权并不是一种所有权，应有具体年限。为与国有建设用地使用权、集体林地和"四荒"地使用权年限相衔接，建议家庭承包方式的耕地、林地、草地、养殖水面的承包期为 70 年。70 年到期后，家庭全部成员已离开农村的承包户自动丧失成员权和承包权。三是鼓励探索市场化退出机制。对在 70 年承包期内，举家外出又没有劳动力返乡务农的承包户，在自愿的前提下，引导其有偿退出承包权。宁夏平罗县利用国家移民资金赎买部分进城落户农民的承包权，再分配给需要安置的移民。法国于20世纪60年代建立了土地整治和农村建设公司，收购土地所有者的土地、农场或荒地，经过整治后再转让给中等规模农场。1963—1982年，这个公司共收购土地145万公顷，占土地市场的五分之一。法律还规定这个公司对土地享有优先购买权，以避免土地市场投机和保护农场的家庭经营特点。荷兰建有土地管理事务所和土地银行，利用国家资金优先购买市场上的土地，经过整治合并后再卖给有经营前途的农民。国内外的这些做法值得借鉴。四是鼓励创新承包权的实现方式。例如，在农民非农就业比重很高、人均土地面积很小的地方，"确权确利不确地"就是一种较好的承包权实现方式。"确权"，就是确认集体经济组织成员资格，取得资格的人有权享有集体土地承包权；"确利"，就是确定参与土地经营收益分配的具体方式；"不确地"，就是不将具体的地块分割到每家每户。在前些年推进耕地承包到户的过程中，北京、上海、江苏等地有这种做法。在近些年推进集体林权制度改革过程中，广东等地也有这种做法。在目前正在进行的农村土地确权登记颁证工作中，应实事求是地对待地方的这类探索，不宜"一刀切"式地要求所有地方都必须将具体的地块确权到具体的农户。五是赋予承包权有限的处分权能。承包权建立在成员权基础上，以集体经济组织成员资格为前提，除可以有偿退出即有偿退还集体经济组织外，承包权不能向外部人员流转交易，也不能抵押、担保、继承。

（三）保护土地经营权

在土地私有制国家，对从农用地所有权中分离出来的农用地使用权（经营权）究竟应赋予其多大权能、如何规范农用地赁租行为，各国做法并不完全相同。但有一些共同特征：禁止转租，建立农用地租金的法定定期调整制度，赋予承租人享有对农用地改良获得补偿的权利，规定农用地租赁合同的法定最短期限（陈小君等，2012）。其中，以下两点值得我们重视：

一是限制农用地使用权再流转。西方国家的民法普遍不允许使用权人转租、转让土地。公元六世纪制定的《法学总论》即罗马私法第五篇中明确规定，"使用权人不能把使用权出卖、出租或无偿让与他人"。《法国民法典》第 631 条规定，"使用权人不得出租或出让其权利于他人"。《德国民法典》第 1080 条规定，"用益权不得转让"，"用益权既不得抵押，也不得用作担保或者再设定用益权"（张路雄，2009）。《意大利民法典》区分了自耕农租赁与非自耕农租赁，对于前一种情形，规定承租人未经出租人许可不得转让；对后一种情形，直接禁止承租人再转让其租赁的土地。西班牙法律严格禁止农用地转租，主要是基于租赁的人身关系性质，允许承租人将所租赁土地的经营权再转让给其他人将会破坏原租赁合同关系的平衡（陈小君等，2012）。我国台湾地区"土地法"第 108 条也规定，承租人纵经出租人承诺，仍不得将耕地全部或一部分转租他人（祝卫东，2014）。

二是保护租地农场主利益。西欧、北欧从 20 世纪 50 年代开始，通过发展租佃关系来强化租地农场主对土地的占有权和使用权，加速土地流动和集中。美国法律也强调，要使土地占有者有适当的规模和生产潜力，使他们的生产机会达到最佳程度，为土地使用者提供经济机会、安全和稳定。各国鼓励租地农场主的政策包括：（1）延长租期，使其有一定的稳定感。法国的《租佃法》把租期由第二次世界大战前的不少于 3 年改为现在的 9 年，意大利由 3 年改为 15 年，荷兰为 12 年，以色列为不得少于 90 年。（2）降低租金，第二次世界大战后各国都在降低地租。荷兰利用土地银行体系从农民那里购买土地后长期低价租给有前途的中农，年度租金只相当于土地买价的 2.5%。泰国成立佃户合作社，并由合作社与土地所有者签订 20 年的租地合同，然后合作社再按同样条件租给佃户，以便维持低租金。在比利时、荷兰、法国等国家，租赁价格受国家法律的限制。（3）邻近有先买权和先佃权。不耕种的自有土地，如不出卖，就必须出租，邻近有先买权和先佃权。法国规定，所有农场主都可以要求诉讼法院允许经营邻居 2 年以上未耕种的地产，在缺乏和解的程序时法院确定租金总额。西欧国家都有类似规定（刘放生，2013）。

对农用地使用权既限制又保护，看似矛盾，实则为了同一个目标：使租地农场主能够长期稳定经营。限制农用地使用权再流转，意在鼓励长期经营、避免土地投机。强化农用地使用权的占有和收益权能，意在稳定租地经营者的预期、降低农业生产的地租成本。国外的这些做法给我们的启示是，界定土地经营权的权能边界虽无一定之规，但要服务和服从于一国农业发展政策目标。从我国目前情况来看，从土地承包经营权中分离出相对独立的土地经营权，目的在于：顺应农民保留土地承包权、流转土地经营权的意愿，顺应促进土地流转集中、逐步扩大农业经营规模的趋势，顺应扩大农村有效抵押物范围、缓解农业贷款难的需要。从这"三个顺应"出发，应当在承包权与经营权之间审慎分割农用地的占有、使用、收益、处分权能，既不能引发承包权利人的不满，又要体现对经营权利人的保护。

保护土地经营权需要把握好以下四点：

一是在占有权方面，应鼓励签订长期流转合同，使经营者有稳定的预期，调动其用地养地、增加农田基础设施建设等长期投入的积极性。

二是在使用权方面，应支持经营者对细碎零乱的耕地进行平整，以利于田间管理和机械化作业。很多地方的实践表明，土地整理以后，由于减少了渠道、田埂、道路等占地，耕地面积会"长出"10%以上。国家农业综合开发、土地整治、高标准基本农田建设、农田水利等专项资金，应支持规模经营者进行土地平整和农田基础设施建设。

三是在收益权方面，应围绕提高规模经营者的综合收益，改革农业直接补贴的分配办法、逐步投向实际务农种粮者，鼓励有条件的地方对土地流转费用进行补贴。在我国农业现代化进程中，如何平衡好地租收取者与租地经营者的利益，将是一道难题。必须明确，允许承包户转出土地时收取适当费用，有利于调动他们转出土地的积极性，但不宜把增加承包户的土地租金视作增加农民财产性收入的重要渠道。

　　四是在处分权方面，应允许承包户或经营者以农用地经营权进行抵押、担保、入股，但对经营者再次流转土地经营权应予适当限制。土地经营权可分为通过家庭承包获得的经营权和通过市场流转获得的经营权①。前者可称为原始经营权，后者可称为继受经营权。对这两种经营权，应差别化地赋予其处分权能：（1）对通过家庭承包获得的经营权，为促进土地流转，应赋予其较大的处分权能。在已经赋予其转包、出租、互换、转让、股份合作等权能的基础上，根据十八届三中全会《决定》精神，还应赋予其抵押、担保、入股权能。由于这种经营权与承包权交织在一起，必须明确，被处分的客体是不超过剩余承包期的经营权，而非承包权；从承包户手中获得经营权，不等于获得了集体经济组织成员资格。（2）对通过市场流转获得的经营权，应赋予其相对有限的处分权能。通过市场流转获得农用地经营权，本意在于从事农业生产经营。因此，政策的出发点，应当是促使这种经营权利人一心一意从事农业生产经营活动，而不应鼓励他们再次流转土地。上海市松江区规定，家庭农场经营者不得将所经营的土地再转包、转租给第三方经营。根据目前我国法律和政策，对通过出让方式获得的国有土地使用权，其再流转也要受到一定限制，如必须完成15%的投资后方可再次转让，以防止"炒地皮"；房屋租赁者不得转租其所租赁的房屋，以防止出现"二房东"。因此，对通过市场流转方式获得的经营权，在赋予其转让、转租、抵押、担保等处分权能时，应附加前置条件。例如，目前一些地方开展的土地经营权抵押，主要受益的是转入土地较多、资金需求较大的租地经营者，为防范经营失败、拖欠土地流转费可能引发的社会风险，有必要建立土地流转风险保障金制度，并把缴纳风险保障金作为抵押的前置条件。

---

　　①　云南省提出了"农村土地流转经营权"概念，并颁发"农村土地流转经营权证"，参见邓道勇（2014）。

四、防范"三权分置"可能带来的负面影响①

(一)防范"地租侵蚀利润"收窄规模经营的盈利空间

在土地由承包户直接生产经营,并向集体经济组织缴纳土地承包费时,农业生产的盈利空间有限。为减轻农民负担,国家取消了土地承包费,农业生产的盈利空间有所扩大。但随着土地有偿流转现象的增多,农业生产的土地成本概念逐渐清晰,租地经营实际支付的土地成本和承包户自营土地的机会成本都在上涨,共同推动农业生产的土地成本快速上涨。以全国水稻、小麦、玉米三种粮食为例,2005—2013年间土地成本年均上涨14.35%,其中流转地租金年均上涨17.1%,自营地折租年均上涨13.52%(见表5);同期,亩产值年均增长9.1%,亩利润年均下降6.2%,土地成本占产值的比重从11.33%上升到16.5%,利润占产值的比重从22.38%下降到6.64%,地租侵蚀利润的趋势非常明显(见表6)。我国户均耕地面积只有8亩左右,要达到100亩左右的适度经营规模,所经营的土地中90%以上是需要付地租的租赁土地。至于公司制农业经营主体,几乎100%的土地要付地租。在不少地方,现在靠租地种粮食很难盈利,这是规模经营"非粮化"的重要经济原因。在基层调研中,经常能听到规模经营主体"租金太贵"、"种不起地"的抱怨。为扶持发展粮食适度规模经营,上海市松江区农业委员会2013年发文规定,"土地流转费一般以500市斤稻谷,按当年稻谷收购价折现兑付,各镇(街道)可根据实际作适当调整,但调整幅度不超过上下5%,原则上一个镇(街道)土地流转费价格要统一"②。这类做法值得我们深思。

---

① 本部分内容参见叶兴庆(2014)。

② 参见上海市松江区农业委员会《关于进一步规范家庭农场发展的意见》,资料来源:http://sj.shac.gov.cn/jtnc/fczc/201307/t20130716_1370619.htm,访问时间:2014年5月3日。

表 5　　　　　　农业生产的土地成本：全国三种粮食平均

	土地成本（元/亩）	其中	
		流转地租金（元/亩）	自营地折租（元/亩）
2005 年	62.02	5.80	56.22
2006 年	68.25	6.64	61.61
2007 年	81.64	7.91	73.73
2008 年	99.62	10.09	89.53
2009 年	114.62	11.31	103.31
2010 年	133.28	15.37	117.91
2011 年	149.75	17.75	132.00
2012 年	166.19	21.81	144.38
2013 年	181.36	20.50	155.08
2005—2013 年累计增长	192%	253%	176%
2005—2013 年年均增长	14.35%	17.10%	13.52%

表 6　　　　　　地租侵蚀利润：全国三种粮食平均

	亩产值（元）	亩土地成本（元）	亩净利润（元）	土地成本占产值比重（%）	净利润占产值比重（%）
2005 年	547.6	62.02	122.58	11.33	22.38
2006 年	599.86	68.25	154.96	11.38	25.83
2007 年	666.24	81.64	185.18	12.25	27.79
2008 年	748.81	99.62	186.39	13.30	24.89
2009 年	792.76	114.62	192.35	14.46	24.26
2010 年	899.84	133.28	227.16	14.81	25.24
2011 年	1041.92	149.75	250.76	14.37	24.07
2012 年	1104.82	166.19	168.4	15.04	15.24
2013 年	1099.13	181.36	72.94	16.50	6.64
2005—2013 年累计增长	100.72%	192.42%	-40.50%	—	—
2005—2013 年年均增长	9.10%	14.35%	-6.28%	—	—

（二）防范农业补贴政策激励效应减退

2004 年开始实行的种粮农民直接补贴及 2006 年开始实行的农资综

合补贴，在全国绝大多数地方均是按承包面积直接发放给承包户。在粮食种植面积占播种面积比重很高、土地流转又不普遍的情况下，按承包面积补贴基本可以体现国家扶持粮食生产的政策意图，而且有农村税费改革时建立的分户计税面积数据基础，政策执行成本能得到较好控制。但是，随着土地流转现象的逐步增多，出现了"拿补贴的不种粮、种粮的拿不到补贴"的新问题，农业补贴政策从粮食生产扶持政策演变成了土地承包权补贴政策。2014 年粮食直补和农资综合补贴分别达到 151亿元和 1071 亿元，这是一笔不小的资金。在究竟应补贴"地主"还是应补贴"佃农"之间，应作出政治决断。

（三）防范落入"流转僵局"

早在 1984 年我国就允许土地流转。自那时起农用地流转速度明显滞后于农村劳动力非农化速度。土地流转不仅速度慢，而且期限短。据浙江省农业厅课题组对绍兴、金华两市 300 个大户的调查，在对"当前制约你进一步增加投入的最大因素是哪个"的回答中，回答"土地承包期太短"、"个人经营能力受限"、"缺少技术"、"资金不足"所占比例分别为 62.7%、20.0%、9.3%、7.0%，土地承包期平均为 6.4 年，承包期太短是规模经营农户的最大担心[①]。据河南省统计局对 150 个种粮大户的问卷调查，普遍反映流转合同期限短影响生产长期投入，70%以上的种粮面积流转期限在 6 年以下，其中流转期限 5 年以下的占42.5%，有些甚至一年一签[②]。很多人认为，为促进承包地经营权流转、发展适度规模经营，必须把农户承包权做大做实。唯其如此，方能令承包户放心地流转土地。我们认为，土地流转不动，不能简单归结为承包户对农用地产权缺乏稳定预期。日本、韩国、我国台湾地区的情况

---

① 参见浙江省农业厅课题组：《种粮大户形成和发展机制研究——来自绍兴、金华两市300 个大户的调查与分析》，载《浙江现代农业》2006（1）。

② 参见河南省地方经济社会调队农产量与农村住户处：《河南种粮大户问卷调查报告》，资料来源：http：//www.ha.stats.gov.cn/hntj/tjfw/tjfx/qsfx/ztfx/webinfo/2013/08/1376901333809401.htm，访问时间：2014 年 5 月 4 日。

表明，拥有小块土地所有权的农户获准出售或出租土地后，在初期确有一部分农户转出了土地，但大多数农户反响并不积极，他们即便就业和收入高度非农化，也宁愿土地撂荒而不愿出售或出租，意在坐等土地升值，结果陷入流不动的僵局（叶兴庆，2013b）。提高农户承包权的产权强度，究竟会给土地流转带来什么影响，值得密切观察。

第三章

宅基地的产权重构

截至 2013 年底，全国农村宅基地面积为 1.7 亿亩，约占农村集体建设用地的 54%[①]。这是农村集体资产的重要组成部分，也是农民财产权利的重要来源。农村宅基地制度是我国特有的一种土地制度。新中国成立后一个时期内，宅基地和农房归农民个人所有。即便 1956 年发布的《高级农业生产合作社示范章程》要求社员入社必须把私有的土地转为合作社集体所有，但也同时明确"社员原有的坟地和房屋地基不必入社"。1962 年《农村人民公社工作条例修正草案》首次明确包括宅基地在内的生产队范围内的土地，都归生产队所有。1963 年中共中央发布《关于各地对社员宅基地问题作一些补充规定的通知》，并转发国务院农林办公室整理的《关于社员宅基地问题》，重申"社员的宅基地，包括有建筑物和没有建筑物的空白宅基地，都归生产队集体所有"，并作出新的规定：宅基地仍归各户长期使用，长期不变，生产队应保护社员的使用权，不能想收就收，想调剂就调剂；宅基地上的附着物，如房屋、树木、厂棚、猪圈、厕所等永远归社员所有，社员有买卖和租赁房屋的权利；社员新建住宅占地无论是否耕地，一律不收地价（张红宇，2013）。

在 1963 年以来的 50 多年间，虽然"集体所有、农户使用"的农村宅基地制度框架保持了基本稳定，但深入分析可以发现，农村宅基地使用权制度还是发生了一系列调整。

一是获得宅基地使用权的资格在逐步收紧。在很长一个时期内，国家并未禁止城镇居民有条件地获得农村宅基地使用权。1982 年颁布的《村镇建房用地管理条例》规定，"回乡落户的离休、退休、退职职工和军人，回乡定居的华侨"可以获得宅基地。1986 年颁布的《土地管理法》第四十一条规定，城镇非农业户口居民可以使用集体所有土地建住宅，附加条件是须经县级人民政府批准、用地面积不得超过省区市规定标准、参照国家建设征用土地标准支付补偿费和安置补助费。1990

---

① 参见《经济参考报》2014 年 12 月 3 日第二版。

年发布的《国务院批转国家土地管理局〈关于加强农村宅基地管理工作的通知〉》首次提出，对非农业户口居民，不批准宅基地。1998 年修订后的《土地管理法》，将宅基地的申请主体由"农村居民"修改为"农村村民"，删除了城镇非农业户口居民可以使用集体所有土地建住宅的规定。1999 年发布的《国务院办公厅关于加强土地转让管理严禁炒卖土地的通知》首次明确提出，"农民的住宅不得向城市居民出售，也不得批准城市居民占用农民集体土地建住宅，有关部门不得为违法建造和购买的住宅发放土地使用证和房产证"。2004 年发布的《国务院关于深化改革严格土地管理的决定》，将禁止的主体范围由"城市居民"扩大为"城镇居民"，明确提出"禁止城镇居民在农村购置宅基地"。

二是获取宅基地使用权的方式经历了从无偿到有偿再到无偿的曲折变化。在人民公社时期，社员新建住宅由集体无偿提供土地。1988 年山东德州率先试行农村宅基地有偿使用。到 1992 年，全国已有 28 个省、自治区、直辖市、1200 多个县、6000 个乡镇、约 13 万个行政村实行了宅基地有偿使用。1993 年，国务院召开全国减轻农民负担工作电视电话会议，宣布取消农村宅基地有偿使用费、农村宅基地超占费。此后，虽然国家层面实行免费使用制度，但局部地区仍在实行有偿使用。

三是宅基地使用权的权能在逐步收窄。1963 年发布的《中共中央关于各地对社员宅基地问题作一些补充规定的通知》规定，社员有买卖或租赁房屋的权利，房屋出卖后宅基地使用权即随之转移给新房主。但1981 年发布的《国务院关于制止农村建房侵占耕地的紧急通知》强调，分配给社员的宅基地，社员只有使用权，不准出租、买卖和擅自转让。1995 年颁布的《担保法》第三十七条规定，宅基地使用权不得抵押。2007 年颁布的《物权法》第一百五十二条规定，宅基地使用权具有占有、使用权能；第一百八十四条规定，宅基地使用权不得抵押。与完整的用益物权相比，少了收益的权能；与土地承包经营权相比，不仅少了收益的权能，而且少了很多形式的处分权能。

经过50多年的发展演变，目前农村宅基地制度的主要特征可概括为："集体所有、成员使用，一户一宅、限制面积，免费申请、长期占有，房地分开、差别赋权"[①]。"集体所有、成员使用"，就是宅基地所有权归农民集体所有，只有集体经济组织成员才有使用资格。"一户一宅、限制面积"，就是集体经济组织成员以家庭为单位、每个家庭可使用一块宅基地，宅基地占地面积和容积率不能超过各地的规定。"免费申请、长期占有"，就是集体经济组织成员可以家庭为单位免费申请使用本集体所有的土地，并无期限地占有和使用宅基地，面积与申请时的家庭人数有关，但不能落实到人头，属于家庭共有使用权。"房地分开、差异赋权"，就是房屋和宅基地实行两套产权制度，农民对房屋拥有完整的占有、使用、收益、处分权，对宅基地只拥有占有、使用和有限的处分权（比如，可转让给本集体经济组织符合新申请宅基地条件的农户，但转让后不得再申请使用宅基地）[②]。这套制度安排，保障了农民居住权，无论穷富都有一块宅基地用于自建住房。但也存在很多问题，免费申请和占有宅基地，导致一户多宅、建新不拆旧等"公地悲剧"普遍发生；随着农村人口外流增多，农房空置现象加剧；农民住房财产权和宅基地使用权权能不充分，农民财产权利受到约束；农房甚至宅基地抵押、超范围流转、城乡居民"联建"、建造对外销售的"小产权房"等法外现象大量存在，对法律的约束力提出了严峻挑战。

党的十八届三中全会《决定》明确要求，"保障农户宅基地用益物权，改革完善农村宅基地制度，选择若干试点，慎重稳妥推进农民住房财产权抵押、担保、转让"。这实际上提出了两个既相互关联又有所不同的改革任务：一是宅基地制度改革，核心是保障农户对宅基地的用益

---

① 对宅基地制度特征的概括有多种，如张云华（2011）将宅基地制度的基本内涵概括为"集体所有、农民使用，一宅两制、一户一宅，福利分配、免费使用，无偿回收、限制买卖，不得抵押、严禁开发"。

② 《物权法》仅赋予宅基地使用权占有、使用权能，比土地承包经营权少了收益的权能。

物权，焦点在于是否在已经赋予其"占有、使用"权能的基础上，进一步赋予其"收益"的权能、有限度地赋予其"处分"的权能；二是住房财产权制度改革，核心是扩大交易半径、从集体经济组织内部流转扩大到更大范围内流转，焦点在于是否将城镇居民纳入受让人范围。由于房地难以分离，完成这两项改革任务，必须以宅基地产权重构为基础（见表7）。

表7 宅基地的产权重构

	所有权	使用权	
		基于成员权免费申请获得的初始使用权	通过住房继承、赠予、转让获得的继受使用权
占有	特定情形下无偿收回宅基地	70年的排他性控制和支配，到期后有家庭成员居住的再免费延长70年使用期	住房存续期内排他性控制和支配，但不得超过原始使用权的剩余使用期；原始使用权的剩余使用期到期后房屋没有损毁的，有偿延长70年使用期
使用	特定情形下利用集体土地为村民统一建住房	按规定建造自住房	随住房灭失而灭失，不得新建
收益	参与征地补偿费分配、参与原始使用权流转收益分配	参与征地补偿费分配，获得退还集体经济组织时的补偿费，获得流转给本集体成员的收益，获得随住房财产权一并流转的收益	获得随住房财产权一并流转的收益
处分	不得买卖	第一步，随住房财产权一并继承、赠予和抵押、担保、转让，不得单独继承、赠予和抵押、担保、转让；第二步，允许单独流转	随住房财产权一并继承、赠予和抵押、担保、转让，不得单独继承、赠予和抵押、担保、转让

一、落实集体所有权

宅基地所有权归农民集体所有，自 1962 年以来在法律和政策层面是清晰的。但在集体经济组织成员免费拥有长期占有、使用权的制度安排下，集体所有权的权能已很微弱。面对"一户多宅"、超标准占用、自发流转等侵权行为，集体经济组织作为土地所有者往往束手无策。在扩大农民住房财产权和宅基地使用权权能、农村人口结构变动加快、住房流转交易发生概率上升的背景下，有必要明确和落实宅基地所有权权能。

（一）进一步明确集体经济组织在占有方面的权能

宅基地集体所有权的占有权能，主要体现在集体可以排他性地收回宅基地。但对什么情形下集体经济组织有权收回宅基地，在国家法律和政策层面缺乏系统、明确的规定。1982 年国务院发布的《村镇建房用地管理条例》规定，社员迁居并拆除房屋后腾出的宅基地，由生产队收回。1986 年颁布的《土地管理法》废除了这个条例，并规定"因撤销、迁移等原因而停止使用土地的"，"农村集体经济组织报经原批准用地的人民政府批准，可以收回土地使用权"。1990 年国务院批准的《国家土地管理局关于加强农村宅基地管理工作的请示》提出，"对已经'农转非'的人员，要适时核减宅基地面积"，但宅基地的分配是以家庭为单位，这一要求缺乏可操作性。1995 年国家土地管理局发布的《确定土地所有权和使用权的若干规定》提出，"非农业户口居民（含华侨）原在农村的宅基地、房屋产权没有变化的，可依法确定其集体土地建设用地使用权。房屋拆除后没有批准重建的，土地使用权由集体收回"；"空闲或房屋坍塌、拆除两年以上未恢复使用的宅基地，不确定宅基地使用权。已经确定使用权的，由集体报经县级人民政府批准，注销其土地登记，土地由集体收回"。各地也提出了集体经济组织无偿收回宅基地的特定情形。应在梳理国家和地方现有规定的基础上，合理界定、适度强化集体经济组织收回宅基地的权利。

（二）进一步明确集体经济组织在使用方面的权能

在城镇规划区内，应提倡集体经济组织按城镇建设规划，统一利用集体土地建设住房，分配给符合条件的本集体经济组织成员。在有条件的农村地区，也应探索集体经济组织统规统建，以替代分户建房的传统做法。

（三）进一步明确集体经济组织在收益方面的权能

宅基地在集体经济组织成员占有和使用时，集体经济组织不宜收取土地使用费。但鉴于宅基地使用权是无偿取得的，在宅基地使用权产生流转收益时，集体经济组织作为所有者应参与收益分配：在宅基地被依法征收时，房屋补偿款归农户所有，土地补偿款应在集体与农户之间进行合理分割；在宅基地使用权随住房财产权流转给非本集体经济组织成员时，应允许集体经济组织向出让人或受让人收取一定的宅基地有偿使用费；在宅基地使用权直接流转交易给非本集体经济组织成员时，集体经济组织应参与土地转让收入分配。

二、划断农户成员权

集体经济组织成员只要符合分户条件就可以免费申请宅基地的制度安排，在一定的历史条件下有其合理的一面。但这实际上是新分得宅基地的成员侵占其他未新分宅基地成员的土地财产权。长期占有和使用宅基地、没有明确的使用年限，既与农村人口变化的大趋势不吻合，也不利于城乡土地使用权利制度的统一。在宅基地的财产价值日益彰显的新背景下，继续实行这种制度既不公平，也不利于提高土地资源利用效率。应选取一个时点，划断农户成员权，在赋予集体经济组织成员70年的宅基地使用权的基础上，实行宅基地使用权"生不增、死不减，入不增、出不减"。实行这种改革的社会风险是可控的：从人口净流入的城中村、城郊村来看，多数地方事实上已多年没有再分配宅基地，很多地方规定城镇规划区内停止分配宅基地，这些地方今后不再分配宅基地不会引发新的社会矛盾；从人口净流出的一般农村来看，房屋空置率较高，新分户家庭的居住问题可以通过村内房屋和宅基地流转解决；从计划生育政策来看，今后符合新分户条件的家庭不会很多，如果允许超生家庭新分宅基地，对遵守计划生育政策的家庭不公平。如果短期难以达成共识，可先在城郊地区试行划断农户成员权的改革。

三、审慎拓展使用权

根据《物权法》规定，宅基地使用权权能明显小于土地承包经营权权能。在人口不流动、房地不流转的情形下，仅赋予宅基地使用权占有、使用权能，问题并不突出。然而，随着农村人口流动越来越多，宅基地财产价值不断上升，特别是贯彻落实十八届三中全会《决定》关于"保障农户宅基地用益物权，改革完善农村宅基地制度，选择若干试点，慎重稳妥推进农民住房财产权抵押、担保、转让"的要求，拓展宅基地使用权权能、扩大农房和宅基地交易半径势在必行。推进这项改革，必须把握好提高农房和宅基地可交易性与防范城市资本到农村炒作农房、圈占宅基地之间的平衡。应根据宅基地使用权获得途径的不同，实行差别赋权：对基于成员权依法免费申请获得的宅基地原始使用权，可赋予其较充分权能；对通过各种流转方式获得的宅基地继受使用权，只应赋予其相对有限的权能。

（一）在占有权能方面

对基于成员权免费申请获得的原始使用权，可赋予其70年的排他性控制和支配的权利；70年使用权到期后，如果家庭成员仍有在农村居住的，可免费延长一个使用周期。对通过流转方式获得的继受使用权，赋予其房屋存续期内的排他性控制和支配的权利，但不得超过剩余使用期；剩余使用期到期后，即使房屋没有损毁的，宅基地所有者有权收回宅基地，并对房屋给予适当补偿。

（二）在使用权能方面

对基于成员权免费申请获得的原始使用权，在取得建设规划许可的条件下，可维护、改造宅基地上的现有房屋，也可利用宅基地重新建设住房。对通过流转方式获得的继受使用权，只能使用和维护宅基地上的现有房屋，不得利用宅基地重新建设住房。

（三）在收益权能方面

对基于成员权免费申请获得的原始使用权，可通过有偿流转获取收益，有权获得国家征收时给予的土地补偿费，有权获得国家安排的农房改造扶持资金，有权获得重大自然灾害造成损失时国家给予的救助。对通过流转方式获得的继受使用权，不能产生任何收益。

（四）在处分权能方面

对基于成员权免费申请获得的宅基地原始使用权，允许其有偿退回给集体经济组织，对随宅基地使用权一并退回的房屋应给予适当补偿；现阶段，允许宅基地使用权随住房财产权一并出租、转让给集体经济组织内部成员和符合条件的外部人员，允许宅基地使用权随住房财产权一并继承、赠予和抵押、担保，但宅基地使用权不得单独继承、赠予和抵押、担保、转让；从长远看，放宽农民住房财产权转让的受让人范围，允许宅基地使用权单独转让。对通过流转方式获得的宅基地继受使用权，允许随住房财产权一并抵押、担保、转让，但不得单独抵押、担保、转让。

中国农村金融论坛
CHINA RURAL FINANCE FORUM

第四章

集体经营性建设用地的产权重构

根据现行《土地管理法》，农村集体建设用地包括三种类型：一是村民建设住宅经依法批准使用本集体经济组织农民集体所有的土地；二是乡（镇）村公共设施和公益事业建设经依法批准使用农民集体所有的土地；三是农村集体经济组织兴办企业或者与其他单位、个人以土地使用权入股、联营等形式共同举办企业经依法批准使用本集体经济组织农民集体所有的土地，也就是农村集体经营性建设用地。截至2013年底，全国农村集体建设用地面积为3.1亿亩，其中经营性建设用地面积为4200万亩，占农村集体建设用地的13.5%①。这4200万亩农村集体经营性建设用地的产权体系如何重构，是社会各方面广泛关注的热门话题。

一、农村集体经营性建设用地的产权权能是如何被收缩的

30多年来，在农村集体经营性建设用地制度设计上有两次重大调整。

第一次是1998年修订《土地管理法》后集体建设用地使用权流转的范围大大收窄。此前，1986年通过的《土地管理法》第三十六条规定，全民所有制企业、城市集体所有制企业同农业集体经济组织共同投资举办的联营企业，需要使用集体所有的土地的，可以按照国家建设征用土地的规定实行征用，也可以由农业集体经济组织按照协议将土地的使用权作为联营条件。这意味着，农村集体经济组织可以用集体土地使用权与国有企业、城市集体企业共同投资举办联营企业。1988年修正后的《土地管理法》第二条第四款规定，国有土地和集体所有的土地的使用权可以依法转让。这使集体土地使用权除可作为与国有企业、城市集体企业的联营条件之外，还可以在其他情形下、向其他投资主体转让。但1998年修订后的《土地管理法》第四十三条规定"任何单位和个人进行建设，需要使用土地的，必须依法申请使用国有土地"，第六十三条规定"农民集体所有的土地的使用权不得出让、转让或者出租用

---

① 参见《经济参考报》2014年12月3日第二版。

于非农业建设"。这意味着，国有企业、城市集体企业和其他投资主体需要使用农村集体土地的，必须先由县市政府将其征收为国家所有，再由国家向其出让或划拨土地使用权。以 1998 年修订后的《土地管理法》为分界线，农村集体经营性建设用地使用权流转的空间陡然收窄。

第二次是 2004 年农用地转用的年度计划实行指令性管理后集体农用地转为集体建设用地的可能性大大降低。1986 年通过的《土地管理法》第三十九条和 1988 年修正后的《土地管理法》第三十九条均规定，乡（镇）村企业建设需要使用土地的，必须持县级以上地方人民政府批准的设计任务书或者其他批准文件，向县级人民政府土地管理部门提出申请，按照省、自治区、直辖市规定的批准权限，由县级以上地方人民政府批准。1998 年修订后的《土地管理法》为严格耕地保护，引入了土地用途管制制度，但第六十条仍规定，农村集体经济组织使用乡（镇）土地利用总体规划确定的建设用地兴办企业或者与其他单位、个人以土地使用权入股、联营等形式共同举办企业的，应当持有关批准文件，向县级以上地方人民政府土地行政主管部门提出申请，按照省、自治区、直辖市规定的批准权限，由县级以上地方人民政府批准。此时，虽然农村集体经济组织将农用地转为集体建设用地必须由县级以上人民政府批准，但通道仍是打开的。2004 年发布的《国务院关于深化改革严格土地管理的决定》（国发〔2004〕28 号）明确规定，"农用地转用的年度计划实行指令性管理""改进农用地转用年度计划下达和考核办法，对国家批准的能源、交通、水利、矿山、军事设施等重点建设项目用地和城、镇、村的建设用地实行分类下达，并按照定额指标、利用效益等分别考核""农村集体建设用地，必须符合土地利用总体规划、村庄和集镇规划，并纳入土地利用年度计划"。自此之后，土地指标成为宏观调控的重要工具，国家通过每年下达新增建设用地计划指标的方式调控全社会基本建设投资规模，在"银根"之外多了个"地根"工具。虽然理论上下达给各地的计划指标中包含了分配给农村集体经济组织用于兴办企业和安排农民宅基地的部分，但在土地指标极度紧缺的背景下，农村集体经济组织很难拿到指标安排农民宅基地，遑论用于兴办企业。这意味着，2004 年以后，依法新增农村集体经营性建设用地的可能性微乎其微。

在现行法律制度和政策框架下，农村集体经营性建设用地具有如下特征：一是从土地使用权的取得看，存在大量模糊地带。除规定必须符合乡（镇）土地利用总体规划和土地利用年度计划，并经县级以上地方人民政府批准外，对农村集体经济组织兴办乡镇企业占用农民集体所有的土地、特别是兴办乡和村集体企业占用村民小组土地，是否实行有偿使用、使用年限是多少等，均没有明确规定。对乡（镇）、村集体企业以外由本集体经济组织成员兴办的农村个体、私营企业如何取得集体土地使用权，同样缺乏明确规定。制度的模糊必然导致土地使用的混乱。在当时历史条件下，乡（镇）、村集体经济组织兴办企业，往往无偿、无期限占用属于村民小组农民集体所有的土地，这实际上是一种平调，为矛盾和纠纷埋下了隐患。在 20 世纪 90 年代初期的乡镇企业改制过程中，对如何处置土地资产，更是一笔糊涂账。二是从土地使用权的权能看，与农用地、国有建设用地差异较大。除根据《土地管理法》第六十条规定，农村集体经济组织可与其他单位、个人以土地使用权入股、联营等形式共同举办企业外，集体建设用地使用权不得出让、转让、出租和抵押，几乎就是"集体所有、集体使用"。根据《土地管理法》第四十三条和第六十三条，《担保法》第三十六条以及《物权法》第一百五十一条的规定，"农民集体所有的土地的使用权不得出让、转让或者出租用于非农建设""乡（镇）、村企业的土地使用权不得单独抵押"。这种画地为牢式的土地资源配置，与市场配置资源的一般规律不相适应。于是，法律又作出例外规定，即"符合土地利用规划并依法取得建设用地的企业，因破产、兼并等情形致使土地使用权依法发生转移的除外""以乡（镇）、村企业的厂房等建筑物抵押的，其占用范围内的土地使用权同时抵押"。即便在这两个例外情形下农村集体建设用地的土地使用权权能有所扩大，但仍明显小于农用地的承包经营权权能和通过出让取得的国有建设用地的土地使用权权能。总之，农村集体建设用地具有"集体所有、集体使用"（经营性建设用地）和"集体所有、成员使用"（宅基地）的特征，不得单独出让、转让或者出租用于非农业建设，也不得单独抵押。

二、扩大农村集体经营性建设用地产权权能的改革探索

随着农村个体私营经济的发展，城乡和地区之间资本流动的增多，农村非农产业资源配置方式的转型，特别是20世纪90年代中期乡镇企业改制后，农村集体建设用地的占有、使用、流转情况发生了很大变化，农村集体建设用地使用权流转的实际情形已远远超出法律的边界（国土资源部，2001；孟祥舟，2013）。虽然1998年修订后的《土地管理法》第六十三条规定"农民集体所有的土地的使用权不得出让、转让或者出租用于非农业建设"，但突破这一禁止性规定的政策信号不时发出，实践中的突破性做法更是大范围存在。2003年中共中央3号文件《中共中央国务院关于做好农业和农村工作的意见》明确提出，"各地要制定鼓励乡镇企业向小城镇集中的政策，通过集体建设用地流转、土地置换、分期缴纳土地出让金等形式，合理解决企业进镇的用地问题"。2004年国务院28号文件《国务院关于深化改革严格土地管理的决定》发出了互相矛盾的信号。一方面，重申"禁止农村集体经济组织非法出让、出租集体土地用于非农业建设"，"禁止城镇居民在农村购置宅基地"，这是在维护1998年以后形成的禁止集体建设用地使用权流转的制度安排；另一方面，却又提出"在符合规划的前提下，村庄、集镇、建制镇中的农民集体所有建设用地使用权可以依法流转"，这是在有限度地承认集体建设用地使用权流转的现实。2007年党的十七届

三中全会《决定》提出，"在土地利用规划确定的城镇建设用地范围外，经批准占用农村集体土地建设非公益性项目，允许农民依法通过多种方式参与开发经营并保障农民合法权益"，"逐步建立城乡统一的建设用地市场，对依法取得的农村集体经营性建设用地，必须通过统一有形的土地市场，以公开规范的方式转让土地使用权，在符合规划的前提下与国有土地享有平等权益"。

国土资源部早在 1999 年就在一些地方部署集体建设用地流转试点。很多地方以党中央、国务院的文件为政策依据，陆续制定了集体建设用地流转管理办法（见表 8）。2005 年广东省率先以省政府令的形式发布《广东省集体建设用地使用权流转管理办法》，2006 年、2008 年湖北省和河北省也先后以省政府令的形式发布《湖北省农民集体所有建设用地使用权流转管理试行办法》、《河北省集体建设用地使用权流转管理办法（试行）》。2009 年、2010 年湖南省、上海市先后以政府办公厅转发的形式发布相关办法。江苏省尽管没有在全省推行集体建设用地流转试点，但 1996 年苏州市就出台了集体建设用地流转办法，1999 年国土资源部将苏州市作为全国集体建设用地使用权流转的试点，2002 年省政府批准昆山和海门为全省集体建设用地使用权流转试点单位，2006 年又新增宿迁为试点单位，目前无锡、南京等地也在开展集体建设用地使用权流转（陈利根等，2009）。

表 8　　　　　部分地区集体建设用地使用权流转探索

发文时间	发文方式	发文名称	适应范围	突破性措施	禁止性措施
1996 年	苏州市政府文件	《苏州市农村集体存量建设用地使用权流转管理暂行办法》	苏州市城区规划区、县级市人民政府所在地的镇以及国家、省级开发区范围外的集体建设用地	集体建设用地（不含农民建房宅基地）的使用权通过有偿、有限期转让（包括作价投入和交换等）、出租等方式流转	流转的集体建设用地，不得举办大型娱乐和高档房地产开发项目

发文时间	发文方式	发文名称	适应范围	突破性措施	禁止性措施
2002 年	安徽省政府文件	《安徽省集体建设用地有偿使用和使用权流转试行办法》	省国土资源行政主管部门批准的试点乡(镇)	集体建设用地使用权可以转让、抵押、出租，农村村民宅基地使用权可以进行流转	集体建设用地使用权流转不得用于经营性房地产开发
2005 年	广东省政府令	《广东省集体建设用地使用权流转管理办法》	全省	集体建设用地使用权可以出让、出租、转让、转租和抵押；兴办各类工商企业，包括国有、集体、私营企业，个体工商户，外资投资企业，股份制企业，联营企业等，可以使用集体建设用地；村民住宅用地使用权可随地上建筑物、其他附着物转让、出租和抵押	通过出让、转让和出租方式取得的集体建设用地不得用于商品房地产开发建设和住宅建设
2006 年	湖北省政府令	《湖北省农民集体所有建设用地使用权流转管理试行办法》	全省	集体建设用地使用权可以出让、出租、转让、转租、抵押、入股以及以其他经双方协商一致的方式流转	严禁使用集体建设用地用于房地产开发和住宅建设
2008 年	河北省政府令	《河北省集体建设用地使用权流转管理办法（试行)》	城市和镇规划区以外地区	集体建设用地使用权可以出让、出租、转让、转租和抵押	集体建设用地不得用于商品住宅开发

续表

发文时间	发文方式	发文名称	适应范围	突破性措施	禁止性措施
2008 年	湖南省政府办公厅文件	《湖南省集体建设用地管理暂行办法》	全省	集体建设用地使用权可以出让、出租、作价出资（入股），可以使用集体建设用地兴办各类工商企业	商品房开发和城镇居民住宅建设禁止使用集体建设用地
2010 年	上海市政府办公厅文件	《转发市规划国土资源局市农委关于开展农村集体建设用地流转试点工作若干意见的通知》	全市凡符合土地利用总体规划和城乡规划、依法取得的农村集体建设用地使用权，原则上均可流转	农村集体建设用地使用权可以通过租赁、出让、转让、转租等形式流转，用于工业、商业、旅游业、服务业等经营性项目；可以抵押	禁止使用农村集体建设用地进行商品住宅开发建设

三、重构农村集体经营性建设用地产权体系的总体思路

党的十八届三中全会《决定》指出，"在符合规划和用途管制前提下，允许农村集体经营性建设用地出让、租赁、入股，实行与国有土地同等入市、同权同价"。这至少意味着两点：在城镇规划区外，农村集体经营性建设用地使用权的权能大大拓展，可以出让、租赁、入股，也可以抵押，不再局限于"集体所有、集体使用"和兼并、破产、地随物走等例外情形；在城镇规划区内，集体经营性建设用地使用权可以与国有土地使用权一样通过出让、租赁、入股和抵押等方式流转，不必都要被征收为国家所有。实现这些改革目标，需要按照"体现所有权、拓展使用权"的思路，对集体经营性建设用地进行产权重构（见表9）。

表9

农村集体建设用地的产权重构

	所有权	初始使用权					继受使用权		
		划拨	出让	出租	入股	转让	转让	转租	入股
占有	流转合同期满后无偿收回土地使用权	无期限排他性控制、支配权利	最高不超过同国有土地使用权出让年限的排他性控制、支配权利	最高不超过20年的排他性控制、支配权利	最高不超过同国有土地使用权出让年限的排他性控制、支配权利	最高不得超过初次出让合同约定年限的排他性控制、支配权利	最高不得超过初次出让年限的剩余年限的排他性控制、支配权利	最高不超过合同约定年限的剩余年限的排他性控制、支配权利	最高不得超过初次出让合同约定剩余年限的排他性控制、支配权利
使用	利用本集体经济组织所有土地从事工商业旅游、但不得用于商品房开发	建设乡、村公共设施和公益事业	建设符合规划和用途管制、合同约定的工商业旅游等经营性项目，不得用于商品住房开发	建设符合规划和用途管制、合同约定的工商业旅游等经营性项目，不得用于商品住房开发	建设符合规划和用途管制、合同约定的工商业旅游等经营性项目，不得用于商品住房开发	建设符合规划和用途管制、合同约定的工商业旅游等经营性项目，不得用于商品住房开发	建设符合规划和用途管制、合同约定的工商业旅游等经营性项目，不得用于商品住房开发	建设符合规划和用途管制、合同约定的工商业旅游等经营性项目，不得用于商品住房开发	建设符合规划和用途管制、合同约定的工商业旅游等经营性项目，不得用于商品住房开发
收益	生产经营收益、出让金、租金和分红收入、征地补偿费收入	不得牟利	生产经营收益、转让金、租金和分红	生产经营收益	生产经营收益	生产经营收益	生产经营收益	生产经营收益	生产经营收益
处分	经本集体2/3以上成员或2/3以上代表同意，可出让、出租建设用地使用权	不得流转	可转让、转租、入股、抵押，但未经所有者同意，未按合同约定完成建设用地的除外	不得流转	不得流转	可再转让、再转租、再入股，但未经所有者同意的除外	不得流转	不得流转	不得流转

（一）在占有权能方面

集体经济组织作为土地所有权的行使主体，有权对土地使用权利人的使用、流转行为进行监督，有权在流转合约到期后收回土地使用权、按合同约定处置地上附着物。除划拨用地外，通过初次流转获得土地使用权的权利人，有权在合同约定、但不超过同用途国有土地使用权年限的期限内，实际控制和支配土地。通过再次流转获得土地使用权的权利人，有权在合同约定、但不超过剩余年限的期限内，实际控制和支配土地。

（二）在使用权能方面

所有权权利人、通过初次流转获得使用权的权利人、通过再次流转获得使用权的权利人，都可以在符合规划和用途管制的前提下，利用集体土地从事工业、商业、旅游等经营性活动，最大限度地发挥土地的使用价值。但能否用于商品住房开发，需要审慎决策。综合权衡部分地区在集体建设用地流转方面的实践探索、"小产权房"与商品住房购买者的巨大利益差异、土地出让收入在城市建设中发挥的作用及替代性工具的缺乏、与现行政策的落差、集体建设用地入市改革的出发点等因素，现阶段不宜放开集体土地用于商品住房开发的限制。

（三）在收益权能方面

党的十八届三中全会《决定》要求，"保障农民公平分享土地增值收益"，"建立兼顾国家、集体、个人的土地增值收益分配机制，合理提高个人收益"。这不仅是指导征地制度改革的重要原则，也是指导集体经营性建设用地流转收益分配的重要原则。从先行者的实践探索看，政府、集体经济组织、土地使用权人如何分配集体经营性建设用地使用和流转产生的收益，没有一定之规（王文、彭文英，2013）。

在政府参与收益分配方面，大致可分为五种类型：一是政府不参与收益分配，但收取"工作经费"。重庆市垫江县政府办公室2010年发布的文件规定，农村集体土地所有者出让、转让、出租农村集体建设用地使用权所取得的土地收益应当纳入农村集体财产统一管理，但集体经济组织应向县土地行政主管部门按土地流转收益总额的 2% 缴纳工作经费。二是政府只参与初次流转的收益分配。例如，昆明市 2010 年的管理办法规定，集体建设用地使用权首次流转的土地收益，90% 归土地所有权人，10% 由县级财政行政主管部门统筹。又如，湖北省嘉鱼县规定，集体经营性建设用地初次流转的收益，县、乡镇、村按 30%、20% 和 50% 的比例分成，县、乡镇提取的土地收益作为城乡统筹建设配套资金，专项用于当地农村公共基础设施建设和兴办社会公益事业。再如，深圳市 2013 年底出让的一宗集体工业用地中，出让收入的 70% 归深圳市土地收益基金，30% 归原集体经济组织的继受组织，另将所建物业的 20% 划归该继受组织。三是政府只参与再流转的增值收益分配。例如，上海市政府办公厅 2010 年发文规定，农村集体经济组织通过农村集体建设用地使用权或指标流转取得的收益，主要用于基础设施和公益设施建设、该集体经济组织成员的社会保障和发展生产等；土地使用者以转让、转租等方式依法流转农村集体建设用地使用权发生增值的，应当向政府缴纳一定比例的增值收益。四是政府既参与初次流转的收益分配，也参与再次流转的增值收益分配。苏州市政府在 1996 年出台的办法中规定：（1）集体建设用地第一次流转时，流转方必须向政府缴纳土地流转收益，缴纳标准按苏州市政府确定的最低保护价的 30% 收取。集体建设用地出租或按年租制方式流转的，流转方每年向政府按年租金 30% 的标准缴纳土地收益。流转方向政府缴纳的土地流转收益，实行市、县级市（郊区）和乡（镇）政府三级分成。苏州市政府定额按每平方米收取 1.5 元人民币，其余按县级市（郊区）30%、乡（镇）政府 70% 的比例分成。（2）集体建设用地第一次流转后的再次流转，流转方必须向政府缴纳土地流转增值费。增值额在 20% 以内的免交增值费，超值部分按 30% 收取增值费。集体建设用地增值费，实行县级市（郊区）和乡（镇）政府二级分成，分成比例依次为 30%、70%。

（3）土地管理部门按集体建设用地流转总额的 2% 收取业务费。属县级市（郊区）政府审批的业务费全部留于县级市（郊区）土地管理部门；报经苏州市人民政府审批的，市土地管理局收取流转总额 0.5% 的业务费，其余 1.5% 由县级市（郊区）土地管理部门收取。五是以税收形式参与增值收益分配。广东省政府 2005 年发布的省长令规定，集体建设用地使用权转让发生增值的，应当参照国有土地增值税征收标准，向市、县人民政府缴纳有关土地增值收益。

在集体土地所有者与土地使用权人之间，土地收益的分配格局是：（1）初次流转已普遍实行有偿使用。集体土地所有者在一定年限内将集体建设用地使用权以出让、租赁、作价出资（入股）、联营等形式让与土地使用者，由土地使用者向集体土地所有者支付土地有偿使用费。（2）对再次流转产生的增值收益如何在所有者与使用者之间进行分配，多数地方没有明确的意见。少数地方提出主要归土地使用权人。例如，昆明市 2010 年发布的管理办法规定，集体建设用地转让和转租收益，应当主要归集体建设用地使用权人，出让、出租合同另有约定的依照约定。也有少数地方提出共享，如江苏省盐城市 2010 年发布的办法规定，集体建设用地使用权再次流转形成的土地增值收益，主要归土地所有者和使用权人所有。

如何分配集体经营性建设用地流转收益，事关国家、土地所有者、土地使用者的利益。需要注意三点：（1）提高所有权在收益分配中的地位。与承包地、宅基地按成员资格均分到户不同，多数集体成员并没有占有、使用集体经营性建设用地。因此，在分配集体经营性建设用地产生的收益时，应突出所有权的地位，实行有偿使用。有偿使用收入纳入集体资产管理和分配，由集体经济组织成员共享。（2）由市场决定流转价格。利用城市国有土地使用权交易平台，增加集体土地使用权流转交易服务功能，真正实现"两种产权、同一市场、统一规则"。防止村干部在集体土地使用权流转交易中寻租。（3）规范地方政府参与收益分配的方式和比例。已经实行集体建设用地流转的地方，当地政府从中获取土地收益的做法五花八门。地方政府只能以税收的形式参与集体土地使用权流转收益分配，不宜再按比例分成。

（四）在处分权能方面

应建立与国有土地同等的处分权利体系。集体土地所有者可以通过出让、出租、作价入股、联营等多种方式流转集体土地使用权，也可以抵押集体土地使用权。集体土地使用权利人可以转让、转租集体土地使用权，但要满足以下条件：（1）初次流转后必须完成一定的建设投资量才能再次流转，以防止"炒地皮"；（2）再次流转后的用途，必须符合初次流转时与土地所有者约定的原用途。

第五章

非土地集体经营性资产的产权重构

除土地以外，实行农民集体所有的[1]，还包括各种类型的经营性资产（如物业、设备、股权、现金等）和非经营性资产（如供水设施、学校、卫生室、养老机构、办公场所等）。据农业部统计，截至 2013 年底，全国农民集体所有的非土地经营性资产账面总额为 2.4 万亿元，其中东部地区占 76%、中部地区占 17 %、西部地区占 7%（张红宇、王刚，2014）。按层级分，各地差异较大。有些地方乡镇农民集体所有占较大比重，如上海市截至 2013 年底农村集体总资产 3794.24 亿元中，镇级总资产 2646.15 亿元，占 70%；村级总资产 1114.77 亿元，占 29%；组级总资产 33.32 亿元，占 1%（韩俊、伍振军，2014）。有些地方以村、组农民集体所有为主，如北京市截至 2013 年底农村集体账内总资产达到 5049 亿元，其中乡镇级集体资产 2034.2 亿元，占 40%；村级集体资产 3014.8 亿元，占 60%（高杨，2014）。在广东、浙江，村、组集体所有占比更高。按类型分，以厂房、店铺、酒店等物业为主，制造业设备、股权、现金等资产较少。这些非土地经营性资产，如何在坚持集体所有制的条件下进行产权重构，在集体所有权与"集体资产股份权能"[2] 之间寻找新的平衡点，同样是全面深化农村改革的重要任务。

一、股份合作制改革的演进及存在的问题

在 20 世纪 90 年代前期的乡镇企业改制和农村集体产权制度改革过程中，为在"市场化改革"与"发展集体经济"之间折中调和，把股

---

[1] "农民集体所有"与"农村集体经济组织所有"（或"村民委员会所有"）是两个不同概念，"农民集体"是集体所有权的权利主体，"农村集体经济组织"（或"村民委员会"）是集体所有权的行使主体。参见高飞（2012）、王利民（2012）、国务院发展研究中心（2014c）。

[2] 2014 年 9 月 29 日中央全面深化改革领导小组第五次会议审议通过、2014 年 11 月 22 日农业部等部门联合印发《积极发展农民股份合作赋予农民对集体资产股份权能改革试点方案》，总的目标方向是，探索赋予农民更多财产权利，明晰产权归属，完善各项权能。

份制和合作制的优点结合起来，曾倡导采用股份合作制的模式，并要求企业经营者不得"持大股"、防止"一股独大"。但在后来的改制实践中，对经营性企业（主要是制造业企业）实行股份合作制改革的地方，还是无法坚守合作制的元素，最终走向了典型的股份制或个人独资企业。对经营管理水平要求不高、经营回报相对稳定、市场竞争不很激烈、承担着为社区公共服务提供资金职能的集体资产，主要是厂房、店铺、写字楼、宾馆等集体物业①，股份合作制这一制度模式得到了广泛采用，并一直坚持到现在。据农业部统计，目前全国有 14 个省份下发了指导农村集体经济产权制度改革的专门文件，对量化集体资产范围、成员资格界定、股权设置、股权管理等内容作出具体规定。截至 2012 年底，全国已有 27 个省份开展了改革试点工作，完成改制的村达到 23092 个，占全国总村数的 3.8%（国务院发展研究中心，2014a）。

各地在清产核资、界定成员、折股量化、按股分配、治理结构等方面的做法大同小异。从 20 多年的运作实践来看，股份合作制的主要问题是：第一，缺乏法人地位。按股份合作制模式组建的集体经济组织，既难以归入企业法人，也难以归入机关法人、事业单位法人、社团法人，与现行农民专业合作社法人也有很大不同。如何注册登记、取得法人地位，目前各地做法五花八门，给其开展经营活动、参与市场竞争带来很多困扰和不便（国务院发展研究中心，2014b）。第二，现有治理结构难以规避内部人控制问题。尽管成立了股东会、监事会，实行一人一票制，但持有股份的普通集体成员对集体资产的总量、分布、经营状况等掌握的信息有限，村干部在集体资产经营和处置中掌握的权力过大，"小官大贪"现象在一些地方较为普遍。第三，集体股缺乏人格化

---

① 广东珠三角地区，一些村甚至把农用地承包经营权、建设用地使用权作为集体资产，与其他在集体土地上"长出来"的非土地经营性资产（主要是厂房、仓库等物业）一并纳入股份合作制改革范围。但全国多数实行股份合作制改革的地方，并未将土地等资源性资产纳入。

代表。一些地方只将部分集体资产折股量化给集体成员，保留了一定比重的不可分割的集体股。集体股的所有者代表为集体经济组织，实际上就是村干部，这为最终变成"干部经济"留下了隐患。第四，成员边界难以锁定。"农民集体所有"，在理论、法律和实践中均遇到一个棘手问题，就是什么人有权成为集体成员。随着集体资产不断增值、分红金额越来越大，要求加入和抵制加入的博弈造成"外嫁女"等一系列社会问题[①]。第五，可持续性尚未遭遇真正检验。在绝大多数地方，实行股份合作制的集体经济组织，其主要收入来自"出让土地、建厂收租、以地生财"，缺乏其他投资能力。集体成员负盈不负亏，只关心当下的分红，不关心长远发展（刘守英，2014b）。实行股份合作制的20多年来，我国房价和物业费处于上升期，即使在内部人控制问题相当严重的情况下，也可以实现成员分红逐年有所增长，股份合作制的制度效率问题并没有得到实践的严格检验。一旦房价和物业费下降，分红减少，成员的不满就会滋长[②]。

所有这些问题归结到一点，就是集体资产产权在集体所有权与成员股份权之间如何分割，尤其是如何拓展和完善成员股份的权能。党的十八大报告曾要求，"依法维护农民土地承包经营权、宅基地使用权、集体收益分配权"。在此基础上，党的十八届三中全会《决定》进一步明确要求，"赋予农民对集体资产股份占有、收益、有偿退出及抵押、担

---

① 广东省佛山市南海区为解决"外嫁女"问题，于2008年5月成立了"解决农村外嫁女及其子女权益问题工作领导小组办公室"，简称"外嫁办"，由来自农村工作部、检察院、法制局、妇联等单位的34人组成。对南海"外嫁女"问题的由来及剖析参见柏兰芝（2013）。

② 为维护出租屋市场，广东省东莞市一些村社集体经济组织缺乏城市更新、产业升级的动力，宁愿维持劳动密集的低端产业，也不愿发展用人较少的高端产业（刘玉海，2014）。当为应对国际金融危机冲击而淘汰劳动密集型企业，以及后来的"扫黄"，导致外来人口减少，物业租赁收入下降时，为维持向村民承诺的分红水平，一些村社集体经济组织甚至不惜举债（李明峰，2009）。2012年3月6日，在全国两会广东代表团分组审议上，中共中央政治局委员、广东省委书记汪洋谈及村（社区）集体经济发展问题时说："靠借债分红，不愿意忍受转型的阵痛，不下决心转型，再这样发展下去，有些村可能会变成东莞的'希腊'"（段思午、刘若筠，2012）。

保、继承权"。在非土地集体资产上①，赋予集体成员的权利，从"一权"拓展为"六权"（从"收益分配权"拓展为"占有、收益、有偿退出及抵押、担保、继承权"），不仅是赋予农民更多财产权利的需要，也是在探索农村集体所有制实现形式上迈出的重大步伐。总的思路应当是：以保障农民集体成员权利②、赋予农民更多财产权利为目标，以股份合作制为载体，规范集体所有权权能，拓展集体成员股份权能（见表10）。

表10　　　　　　　非土地经营性集体资产的产权重构

	所有权	集体资产股权		
		基于成员资格获得的股权	通过抵押、担保、继承等方式获得的股权	
			集体成员通过转让、抵押、担保、继承等方式获得的股权	非集体成员通过抵押、担保、继承等方式获得的股权
占有	对集体股，无期限控制、支配；对成员股的有偿退出和抵押、担保、继承进行审核	有参与股权分配的权利；对确权到户的股份，无期限控制、支配	对流转获得的股份，无期限控制、支配	对流转获得的股份，无期限控制、支配
使用	利用集体资产从事生产经营			

---

①　对党的十八届三中全会《决定》关于"赋予农民对集体资产股份占有、收益、有偿退出及抵押、担保、继承权"的改革要求是否适用集体土地，存在不同解读。我们认为，集体成员具有这"六权"后，集体产权与共有产权已非常接近，而在共有产权下共有关系结束时共有人可以请求分割共有产权。在我国土地不能私有化、不能请求分割土地所有权的现阶段，土地集体所有不可能演变共有，只有对非土地集体资产才有可能赋予集体成员这"六权"（国务院发展研究中心，2014c；叶兴庆，2014b）。

②　党的十八届三中全会《决定》的提法是"保障农民集体经济组织成员权利"，但笔者认为，根据《物权法》第五十九条关于"农民集体所有的动产和不动产，属于本集体成员集体所有"之规定，集体所有权的权利主体是"成员集体"，"集体经济组织"只是集体所有权的代表或行使主体，因此"保障农民集体成员权利"比"保障农民集体经济组织成员权利"更为贴近《物权法》的本意。

续表

	所有权	集体资产股权		
		基于成员资格获得的股权	通过抵押、担保、继承等方式获得的股权	
			集体成员通过转让、抵押、担保、继承等方式获得的股权	非集体成员通过抵押、担保、继承等方式获得的股权
收益	凭集体股参与分红，提取公积金、公益金	按股分红，解体时按股分割剩余净资产	按股分红，解体时按股分割剩余净资产	按股分红，解体时按股分割剩余净资产
处分	出租、出售、抵押、担保	有偿退出和抵押、担保、继承	有偿退出和抵押、担保、继承	出租、出售、抵押、担保、继承

二、规范集体所有权权能

（一）在占有权权能方面

在股份合作制框架下赋予集体成员股份更多具体权能后，集体产权近似按份共有产权，集体资产的占有权已在很大程度上让渡给了集体成员。集体所有权对已折股量化到人的集体资产的排他性控制和支配力较低，在行使占有权时应注意把握好以下几点：（1）处理好"成员集体"与"农村集体经济组织"的委托代理关系。与承包地、宅基地不同，集体经营性资产需要日常经营管理，因而需要一个组织载体来承担这个职责。但要明确的是，集体资产的所有权主体，是"成员集体"，而不是"农村集体经济组织"。集体资产只能由"成员集体"占有。明确这一点，有利于防止把集体资产变为"组织"甚至"干部"占有。（2）保障农村集体经济组织的法人地位。农村集体经济组织是集体所有权的行使主体，自然也是集体所有权所享有的占有权的行使主体。可考虑在现有法人类型之外，增设"农村集体经济组织法人"，并制定专门的工商登记管理办法（国务院发展研究中心，2014b）。（3）集体经济组织在行使占有权时应以成员集体利益为出发点。所有集体资产，包括历史积累、外部捐赠、国家惠农政策形成的集体资产，在本质上属于成员集体所有，都应折股量化到集体成员，不宜由集体经济组织长期持有不可分割的集体股。集体经济组织也不宜通过调整股权分配，来体现对集体资产的实际控制和支配。

（二）在使用权能方面

与承包地、宅基地的使用权能大部分界定给了集体成员不同，非土地集体经营性资产不宜由集体成员分散使用，宜作为一个整体由集体所有权的代表，即集体经济组织统一经营管理。集体所有权享有的使用权能较大，受其委托的集体经济组织在行使使用权能时应当有严格约束：（1）投资领域以低风险的物业为主。绝大多数集体经济组织对一般性竞争领域，特别是市场竞争激烈的制造业，应当审慎投资，避免重蹈以前一些地方发展集体企业"办一家垮一家"的覆辙。（2）进入竞争性领域应有适当的防火墙。有条件的地方，集体经济组织可以作为出资人，以独资项目公司的方式对外投资，也可以通过合资发展混合所有制经济。作为母体的集体经济组织继续保留集体所有制的基本特征，作为子公司的对外投资企业可以实行现代公司制、以出资额为限承担有限责任，做到"内方外圆"、"内公外私"①。苏州等地有这种经验，值得总结和借鉴（蒋宏坤、韩俊，2013）。（3）逐步引进职业经理人。目前已实行股份合作制改革的集体经济组织，无论称作"股份合作社"、"股份合作联社"还是"公司"，主要由具备股东身份的本集体成员、特别是村组干部经营管理。随着资产总量的扩大、资产配置的多元化，以及集体成员的老龄化，缺乏合格的经营管理人才的问题相当突出。我们在北京、广州、佛山、中山、东莞等地调研时已有深切感受。这些地方应

---

① 陈锡文（2014）认为，农村集体所有制具有"内公外私"的特征，即在内部实行成员集体所有的公有制，但在不同集体所有权主体之间存在明确的产权边界。

当逐步引进职业经理人,以提高集体资产经营管理水平。

(三)在收益权能方面

集体经济组织代理"成员集体"使用集体资产获得的净收益,应按股份分配给集体成员。为了长远发展,集体经济组织可以按章程提取公积金,但要努力做到公积金保值增值。为了集体利益,集体经济组织可以按章程提取公益金。在保留部分集体股的地方,也可以用集体股的分红收入充抵公积金、公益金。问题在于,不少地方集体经济组织承担着教育、治安、环卫、社保、计生、优抚、基建等公共服务职能,迫使集体所有权享有过大的收益权能,挤占了集体成员股份权的收益权能。2012 年,东莞市村组两级公益费用达 57.9 亿元,占当年经营纯收入的67.9%(徐建华,2013)。应推进"政经分离"改革,将集体经济组织承担的公共服务职能移交政府,从而限制集体所有权的收益权能。

(四)在处分权能方面

应理性看待部分人关于集体资产"干部所有"的批评和"吃尽分光、干部健康"的主张,对增值潜力较大、透明度较高的物业等集体资产不宜急于变现、货币化分配。在集体成员已完全市民化、集体土地已全部征收、集体经济组织承担的公共服务职能已全部移交政府的情形下,如果集体成员有要求,也可以对集体资产进行清盘,并撤销集体经济组织[①]。当前需要特别注意的是,集体资产通过出租、出让、转让等方式发生所有权或使用权转移的,应进行资产评估,并在有形市场公开进行,避免暗箱操作。

三、拓展集体成员股份权能

在没有实行股份合作制改革的情形下,集体成员对集体资产享有的

---

① 北京市朝阳区原奥运村乡的 6 个村在土地被全部征收、村民全部转居后,相应撤销了村民自治组织和村级集体经济组织。上海市浦东新区在城市化地区,一般不再保留组级、村级集体经济组织,参见叶兴庆(2013c)。

权益是间接的，主要通过各种集体福利分享集体资产收益。在前20年部分地方的股份合作制改革实践中，通过折股量化到人，集体成员对集体资产享有的权益有了数量概念，在占有和收益方面更加直接，但集体成员所获股权的权能仍很不完整，仅仅是参与收益分配的凭证。按照赋予农民更多财产权利的改革要求，需要对集体成员所获股权的权能进行全面拓展。

（一）在占有权能方面

实行股份合作制改革，将集体资产折股量化到集体成员，是赋予集体成员占有权的现实路径。从已经实行折股量化到人的地方的实践经验来看，需要注意以下几点：（1）股权不仅应是量化的，而且应是没有期限的。（2）股权分配需要考虑多种因素。改制时，应选择一个时间节点，以此时点为准，在坚持性别平等的前提下，综合考虑取得成员权的年限、对集体资产形成的贡献等因素，确定每个成员的持股数量。（3）妥善应对特殊群体的利益诉求。改制后，可以实行股权固化，做到"生不增、死不减"和"人不补、出不退"；可以对新取得成员权的人口，通过无偿配股、增资购股等方式分配股份；也可以对改制时取得的"社区股"和改制后取得的"社会股"实行差别赋权，前者既有分红权又有投票权，后者仅有分红权。（4）提高股权证的法律效力。股权证是占有权的象征，做法不规范将留下许多后患。特别是一些地方将股份合作经济组织登记为公司，为规避公司法关于股东人数的限制，采取了代持的做法，即数个人的股份登记在一个人名下。对这类做法应及时予以规范。

（二）在收益权能方面

凭所持股份参与集体资产收益分配，是集体成员的基本权利，也是股份合作制改革的重要出发点。但应注意防止两种倾向：（1）分红占集体资产收益的比重过低。有些地方将大部分集体资产收益用于投资或兴办社区公益事业，股东分红很少。这种做法不利于体现股份合作制改革给农民带来的利益。（2）分红只能增加不能减少。虽然多数地方集体资产以低风险的物业为主，但即便租赁收入也不可能只增不减。如果对集体成员作出过高承诺，一旦集体资产经营收益下降，有些地方就会借债分红。这会留下极大后患。应加强风险意识的宣传普及，让农民认识到经营会有好有坏，分红也会有高有低。

（三）在使用权能方面

与承包地、宅基地不同，为了保持生产力的完整性，集体经营性建设用地和非土地经营性资产的使用权无法量化分割到每个集体成员，由每个集体成员直接行使。这是由这两种资产的专属性较强、可分割性较低决定的。在这种情况下，完善成员股份权的使用权能，主要是完善成员对集体经济组织在使用集体资产时的民主管理、民主决策、民主监督的权利。

（四）在处分权能方面

在前 20 年的农村股份合作制改革实践中，多数地方成员股份权能仅限于份额占有、收益分配、参与管理，处分权能极不完整，只有少数地方可以有偿退出、内部转让、家庭内部继承、抵押担保①。党的十八届三中全会《决定》提出的赋予农民对集体资产股份的六大权能中，有四项权能，即有偿退出、抵押、担保、继承，属于处分权的范畴。赋予这四项权能，使成员股份权具有了很大的可转让、可变现性，比赋予占有、收益权能所涉及到的问题更复杂，应当慎重稳妥推进。（1）对内部成员持股比重应有明确规定。在实行股份合作制改革、进行股权初始配置时，成员间持股比重差异不大。但当成员有偿退出所持股权时，

---

① 2014 年 5 月，笔者在原北京市朝阳区奥运村乡调查了解到，2007 年撤乡改制、成立股份合作经济组织"北京世纪奥宸科工贸经济开发总公司"时，全部集体资产评估值为 20.5 亿元，有资格分配股权的集体成员为 14000 多人，除已死亡成员只能兑现、959 名成员选择继续持股外，其他多数集体成员选择了有偿退出，即按股份账面价值出售给集体，共涉及 19.5 亿元。当时集体账面现金 6 亿多元，不得不以集体资产做抵押贷款 13 亿元用于支付成员的有偿退出。浙江省宁波市江北区 2009 年 4 月开始探索股份经济合作社股权质押贷款，截至 2014 年 5 月底，该区共有 1079 户农户以股份经济合作社股权质押获得贷款共计 4399.98 万元（国务院发展研究中心，2014c）。

既可以由集体经济组织出资赎回，也可以由其他成员购买。在后一种情形下，部分成员所持股权可能增加较多，形成股权向部分成员集中的局面，从而对股份合作经济组织的治理结构造成冲击。如果要保留股份合作经济的基本形态，就应当对单一成员的持股比重作出限制。（2）对外部人员持股应有严格规范。赋予成员对集体资产股份抵押、担保、继承权，主要问题在于股权有可能转移给了外部人员。在抵押、担保时，抵押权利人有可能是本集体其他成员，如果发生转移，还是在内部流转；如果抵押权利人是外部人员，一旦发生转移，就流向了外部人员。合法继承人有可能是本集体其他成员，也有可能是外部人员。从发展方向看，股份合作经济的股权向外部人员开放有利于提高股权交易的效率。但要考虑到股份合作经济的特殊治理结构，遵循逐步开放的原则。现阶段，可允许因抵押、担保、继承而发生的外部人员进入，但要明确获得股权并不意味着获得了完整的集体成员权，对外部人员因抵押、担保、继承而获得的股权的权能应作适当限制。比如，遵循权利义务对等原则，对没有履行民主管理、民主决策、民主监督职责的外部股的投票权应作适当限制。（3）对股权作价应综合考虑多种因素。有偿退出、抵押、担保以及一些地方存在的内部转让，都涉及到股权如何合理定价的难题。必须看到，在清产核资过程中，资产评估很粗糙，集体物业、经营性建设用地使用权等资产的市场发育不充分、无法准确定价，股权账面价值一般低于其实际价值（黄延信、余葵，2014）；集体资产的形成和收益中，包含有减免税费等国家惠农政策的贡献，这个因素也无法由市场定价；由于信息不对称，有些农民对集体资产的真实价值不了解；随着城市化发展，地价、房价、物业租金不断上涨，集体资产不断增值（叶兴庆等，2014）。如果对这些方面考虑不够，现在就仓促推进股权转让，很有可能导致今后"找后账"，影响社会稳定①。

---

① 北京市朝阳区原奥运村乡撤乡改制时，大部分农民选择了有偿退出，等到发现房价和物业租赁费快速上涨、集体分红丰厚时，回过头来要求补偿。

第六章

共性问题与推进策略

在坚持农村集体所有制的前提下，推进"三块地、一块产"的产权制度改革，涉及国家、集体、农民之间利益关系的调整，涉及农村社会结构和治理体系的转型，涉及宪法和法律法规的修订。改革过程中会遇到带有共性的难点，需要用一定的策略来化解。

一、以还权于民为取向，解决好国家对农村集体资产赋权不足的问题

推进农村集体产权制度改革，不仅要在集体与成员之间重新分割集体产权的各项权能，而且也要调整国家与农村集体的权能边界。只有国家对农村集体资产充分赋权，才有更多的财产权利可在集体与成员之间进行分割。在现行体制下，国家通过土地征收制度限制了农村集体分享土地城镇化所产生的增值收益，是国家公权对农村集体私权的侵犯；由集体资产收益支付本该由国家财政支付的农村社区公共产品成本，相当于国家侵犯了农村集体资产的收益权。解决这方面的问题，要树立还权于民的理念，赋予农村集体更多财产权利：（1）在国家与农村集体之间合理分配土地增值收益。缩小征地范围，让符合规划和用途管制要求的农村集体经营性建设用地，通过出让、租赁、入股的方式上市流转交易，实行与国有土地同等入市、同权同价。转换征地价格形成机制，由按原用途补偿，转向按新用途补偿，并综合权衡经济发展水平等因素，合理确定土地征收补偿标准。（2）推进"政经分离"，把农村集体经济组织承担的公共产品供给职能剥离出去。在对农村集体资产经营收益依法征税的前提下，把城市治安、环卫、市政管网等各项基础设施和公共服务延伸到农村社区，使集体资产经营收益更多地用于分红。

二、以有利于提高资源配置效率和城镇化健康发展为标准，审慎改造集体所有制的社区封闭性

深化农村集体产权制度改革的一个突出特点，是要扩大农民对各类

集体产权的处置权，流转交易的对象范围势必要突破原来的集体经济组织成员边界。虽然在"三权分置"的掩护下，赋予承包经营权抵押、担保、入股权能，抵押、担保、入股的客体是经营权，不至于导致承包权流向外部人员，但承包权的退出和继承问题并未得到解决，未来仍存在流向外部人员的可能性。推进农民住房财产权抵押、担保、转让，在房地不可分离、受让人范围扩大到本集体以外人员的情况下，势必导致宅基地使用权一并流向外部人员。赋予农民对集体资产股份有偿退出、抵押、担保、继承权，使外部人员持有集体资产股份的几率大大提高。同时，由于土地承包关系长久不变和"生不增、死不减"，以及一些地方在股份合作制改革中实行股权固化和"进不增、出不减"，新增成员不再自动拥有对集体资产的各项权能。集体所有制的核心特征是成员权，即取得成员资格的人天然拥有对集体资产的各项权能，只有本集体成员才能获得土地承包权、宅基地使用权等权利。按照党的十八届三中全会《决定》推进农村集体产权制度改革，势必使成员权的内涵发生深刻变化，使集体产权更加近似共有产权。集体所有制从诞生之日起就在不断调整完善，在城镇化快速推进和农村人口流动加剧的时代背景下，逐步破除集体所有制的社区封闭性是必然趋势。但要使这个过程平稳有序，防止农民过早失去集体产权，防止大资本到农村圈占土地等资源（国务院发展研究中心，2014d）。

三、兼顾差异性，按照"三分开"的思路推进农村集体产权制度改革

农村集体资产类型多样，包括土地等资源性资产、厂房等经营性资产、学校等公益性资产；各类集体资产产权制度改革进展不一，承包地的各项权能在集体与成员之间的分割较为清晰，而宅基地的各项权能如何在集体与成员之间进行分割尚无明确思路；各地农村发展不平衡，有

些地方除土地外没有其他集体资产、土地增值空间很小，有些地方经营性资产较多、土地增值潜力较大；集体产权制度与农村社会治理体制关系紧密。面对这种局面，农村集体产权制度改革必须实施差异化战略，按"三分开"的思路稳步推进：一是土地与非土地资产分开。由于土地不能实行私人所有，各类集体土地的产权制度改革重在寻找更有效的集体所有制实现形式，在国家、集体、成员之间重新分割占有、使用、收益、处分权能。非土地经营性集体资产的可变现、可分割、可交易性更高，可以实行灵活多样的改制模式，对物业、集体经营性建设用地使用权等以租赁经营为主、收益稳定而透明的集体资产，可实行股份合作制改革，在维持集体统一经营与明晰成员权利之间达成新的平衡；对征地补偿费等现金资产，可以直接分配给集体成员；在土地已全部城市化、集体成员已全部市民化、社区公共产品已全部由政府承担，集体成员对集体资产管理意见较大的地区，集体所有制的存在逻辑不复存在，改革的尺度可以更大些①。二是农区与城郊地区分开。农区主要是对各类土地资产和农民住房财产进行确权登记颁证，完善承包地经营权流转制度，建立集体成员认定制度。城郊地区集体资产产权制度改革任务较重，既要对非土地经营性资产进行全面清产核资、折股量化到人，也要对各类土地资产进行改革，而且土地产权制度改革的侧重点也有别于一般农区。三是集体经济组织与社区自治组织分开。非土地经营性资产较少的地方可暂缓设立集体经济组织，但城郊地区必须设立集体经济组织，作为集体产权的行使主体赋予其特殊法人地位，对作为集体产权权利主体的"农民集体"负责。农村社区自治组织由该社区常住人口依法组成，仅负责该社区公共事务，不再参与集体资产的经营管理。集体经济组织成员依成员权制度认定，自治组织成员依村民委员会组织法认定，在人口流动的情况下二者不完全重合（叶兴庆，2015a）。

---

① 据广东省政府发展研究中心农村处谭炳才处长调查，佛山市顺德区容桂街道有部分村的村民主张解散集体经济组织。

四、防止改革碎片化

党的十八届三中全会《决定》提出了多项农村集体产权制度改革任务，如赋予集体经营性建设用地在符合规划和用途管制条件下与国有土地同等权能，赋予农民对承包地占有、使用、收益、流转及承包经营权抵押、担保权能，赋予农民住房财产权抵押、担保、转让权能，赋予农民对集体资产股份占有、收益、有偿退出及抵押、担保、继承权。这些具体改革任务分别由不同政府部门负责制定改革方案，有利于利用各部门前期工作基础、发挥各自职能作用，但在这些具体改革任务之上缺乏总体思路和顶层设计，也有可能导致互相之间衔接不够。应像国有资产、国家自然资源资产改革一样，对农村集体资产改革也要有一个明确的总体思路。在农村集体产权制度改革过程中，尤其要对各项具体改革任务之间的内在联系、需要解决的共性问题、牵一发而动全身的"牛鼻子"等进行整体性、系统性研究（叶兴庆，2015b）。

五、在改革探索与于法有据之间把握好平衡

落实党的十八届三中全会《决定》出台的多项确权赋能举措，重构集体资产产权体系，势必要突破现行法律法规。在全面推进依法治国的大背景下，重大改革必须于法有据。为此，迫切需要对现行法律法规进行一次全面梳理，提出"立改废释"的总体思路，先集中精力取消和修改制约改革举措落地的禁止性条款，再择机把实践证明行之有效的措施上升为法律（见表11）。问题在于，"立改废释"需要以实践做基础，实践需要以法律为准绳。破解这一"蛋先鸡先"困局，可行的策略是在局部地区试点，按照法定程序授权其先行先试。改革试点应统一布局，有明确的地域、期限、主题、目标。

表11　在集体所有制下进行产权重构需要修改的现行法律

现行法律		现行规定	修改建议	修改理由
《宪法》（1982年通过，2004年第四次修正）	第八条	农村中的生产、供销、信用、消费等各种形式的合作经济，是社会主义劳动群众集体所有制经济	取消	合作经济是私有产权的联合与合作，不属于集体所有制特征；根据集体所有制的成员特征，非劳动年龄人口也可以成为集体成员
	第十条	城市的土地属于国家所有	城市的土地属于国家所有，但城市市区内符合规划和用途管制的集体所有制土地不必征收为国家所有	缩小征地范围的需要
《民法通则》（1986年通过）	第七十四条	集体所有的土地依照法律属于村农民集体所有，由村农业生产合作社等农业集体经济组织或者村民委员会经营、管理。已经属于乡（镇）农民集体经济组织所有的，可以属于乡（镇）农民集体所有	农民集体所有的土地依法属于村农民集体所有，由村集体经济组织或者村民委员会经营、管理；已经分别属于村内两个以上农村集体经济组织的农民集体所有的，由村内各该农村集体经济组织或者村民小组经营、管理；已经属于乡（镇）农民集体所有的，由乡（镇）农村集体经济组织经营、管理	与现实中的三级集体《农村土地承包法》对应；与同位法《农村土地承包法》和《物权法》统一

续表

现行法律		现行规定	修改建议	修改理由
《物权法》(2007年通过)	第一百二十五条	土地承包经营权人依法对其承包经营的耕地、林地、草地等享有占有、使用和收益的权利	土地承包经营权人依法对其承包经营的耕地、林地、草地等享有占有、使用、收益和部分处分的权利	土地承包经营权权能不仅包括占有、使用、收益权能，也包括转让、出租、有偿退出、抵押、担保等大部分处分权能
	第一百二十六条	耕地的承包期为三十年。草地的承包期为三十年至五十年。林地的承包期为三十年至七十年；特殊林木的林地承包期，经国务院林业行政主管部门批准可以延长	耕地、草地、特殊林木的林地承包期为七十年，经国务院林业行政主管部门批准可以延长	落实"长久不变"；与国有土地最高出让年限一致
	第一百五十二条	宅基地使用权人依法对集体所有的土地享有占有和使用的权利	宅基地使用权人依法对集体所有的土地享有占有、使用、收益和部分处分的权利	适应宅基地使用权流转和农民住房财产权抵押、担保、转让的需要
	第一百八十三条	乡镇、村企业的建设用地使用权不得单独抵押。以乡镇、村企业的厂房等建筑物抵押的，其占用范围内的建设用地使用权一并抵押	取消	赋予集体经营性建设用地使用权更充分权能的需要
	第一百八十四条	下列财产不得抵押：……（二）耕地、宅基地、自留地、自留山等集体所有的土地使用权，但法律规定可以抵押的除外	取消	赋予承包地经营权、宅基地使用权更大权能的需要

续表

现行法律	现行规定		修改建议	修改理由
《担保法》（1995年通过）	第三十六条	乡（镇）、村企业的土地使用权不得单独抵押。以乡（镇）、村企业的厂房等建筑物抵押的，其占用范围内的土地使用权同时抵押	取消	赋予集体经营性建设用地使用权更充分权能的需要
	第三十七条	下列财产不得抵押：……（二）耕地、宅基地、自留地、自留山等集体所有的土地使用权	取消	赋予承包地经营权、宅基地使用权更大权能的需要
《土地管理法》（1986年通过，2004年第二次修正）	第八条	城市市区的土地属于国家所有	城市的土地属于国家所有，但城市市区内符合规划和用途管制的集体所有制土地不必征收为国家所有	缩小征地范围的需要
	第十四条	农民集体所有的土地由本集体经济组织的成员承包经营，从事种植业、林业、畜牧业、渔业生产。土地承包经营期限为三十年	农民集体所有的土地由本集体经济组织的成员承包经营，从事种植业、林业、畜牧业、渔业生产。土地承包经营期限为七十年	落实"长久不变"
	第十四条	在土地承包经营期限内，对个别承包经营者之间承包的土地进行适当调整的，必须经村民会议三分之二以上成员或者三分之二以上村民代表的同意，并报乡（镇）人民政府和县级人民政府农业行政主管部门批准	在土地承包经营期限内，对个别承包经营者之间承包的土地进行适当调整的，必须经本集体经济组织成员村民会议三分之二以上成员或者三分之二以上村民代表的同意，并报乡（镇）人民政府和县级人民政府农业行政主管部门批准	集体土地所有权的行使主体首先是集体经济组织，在没有成立集体经济组织的地方才能由村民自治组织行使；与同位法《农村土地承包法》现有规定一致

续表

现行法律		现行规定	修改建议	修改理由
	第十五条	农民集体所有的土地由本集体经济组织以外的单位或者个人承包经营的，必须依法经村民会议三分之二以上成员或者三分之二以上村民代表的同意，并报乡（镇）人民政府批准	农民集体所有的土地由本集体经济组织以外的单位或者个人承包经营的，必须依法经本集体经济组织成员的村民会议三分之二以上成员或者三分之二以上村民代表的同意，并报乡（镇）人民政府批准	集体土地所有权的行使主体首先是集体经济组织，在没有成立集体经济组织的地方才能由村民自治组织行使；写同位法《农村土地承包法》一致
	第三十七条	承包经营耕地的单位或者个人连续二年弃耕抛荒的，原发包单位应当终止承包合同，收回发包的耕地	取消	耕地是一种生产要素，应当由经营者根据市场行情自主决定如何使用
	第四十三条	任何单位和个人进行建设，需要使用土地的，必须依法申请使用国有土地；但是，兴办乡镇企业和村民建设住宅经依法批准使用本集体经济组织农民集体所有的土地的，或者乡（镇）村公共设施和公益事业建设经依法批准使用农民集体所有的土地的除外	取消	适应集体土地入市的需要

续表

现行法律	现行规定	修改建议	修改理由
第四十七条	征收土地的，按照被征收土地的原用途给予补偿。征收耕地的补偿费用包括土地补偿费、安置补助费以及地上附着物和青苗的补偿费。征收耕地的土地补偿费，为该耕地被征收前三年平均年产值的六至十倍。征收耕地的安置补助费，按照需要安置的农业人口数计算。需要安置的农业人口数，按照被征收耕地数量除以征地前被征收单位平均每人占有耕地的数量计算。每一个需要安置的农业人口的安置补助费标准，为该耕地被征收前三年平均年产值的四至六倍。但是，每公顷被征收耕地的安置补助费，最高不得超过被征收前三年平均年产值的十五倍	征收土地的，按照在国家与集体之间合理分配土地增值收益的原则，综合考虑被征收土地的区位、地集体成员长远生活保障等因素给予补偿	保障被征地集体成员土地财产权利
第六十三条	农民集体所有的土地的使用权不得出让、转让或者出租用于非农业建设；但是，符合土地利用总体规划并依法取得建设用地的企业，因破产、兼并等情形致使土地使用权依法发生转移的除外	取消	赋予集体经营性建设用地使用权更充分权能的需要

续表

现行法律		现行规定	修改建议	修改理由
《城市房地产管理法》(1994年通过, 2007年修正)	第九条	城市规划区内的集体所有的土地, 经依法征用转为国有土地后, 该幅国有土地的使用权方可有偿出让	取消	落实"在符合规划和用途管制前提下, 允许农村集体经营性建设用地出让、租赁、入股, 实行与国有土地同等入市、同权同价"的需要
《农村土地承包法》(2002年通过)	第二十条	耕地的承包期为三十年。草地的承包期为三十年至五十年。林地的承包期为三十年至七十年; 特殊林木的林地承包期, 经国务院林业行政主管部门批准可以延长	耕地、草地、林地的承包期为七十年; 特殊林木的林地承包期, 经国务院林业行政主管部门批准可以延长	落实"长久不变"
	第二十六条	承包期内, 承包方全家迁入设区的市, 转为非农业户口的, 应当将承包的耕地和草地交回发包方。承包方不交回的, 发包方可以收回承包的耕地和草地	取消	不利于农业转移人口市民化
	全文	土地承包经营权流转	承包地经营权流转	根据"三权分置", 流转的客体是经营权

续表

现行法律	现行规定	修改建议	修改理由
第八条	村民委员会依照法律规定，管理本村属于村农民集体所有的土地和其他财产	在未成立集体经济组织的地方，村民委员会依照法律规定，可以管理本村农民集体所有的土地和其他财产	集体产权的行使主体以集体经济组织为第一顺序人，只有在未成立集体经济组织的地方才能由村民委员会行使管理权利
《村民委员会组织法》（1998年通过，2010年修订）第二十四条	涉及村民利益的下列事项，经村民会议讨论决定方可办理：……（四）土地承包经营方案；（五）村集体经济项目的立项、承包方案；（六）宅基地的使用方案；（七）征地补偿费的使用、分配方案；（八）以借贷、租赁或者其他方式处分村集体财产	在未成立集体经济组织的地方，下列事项经村民会议讨论决定方可办理：……（四）土地承包经营方案；（五）集体经济项目的立项、承包方案；（六）宅基地的使用方案；（七）征地补偿费的使用、分配方案；（八）以借贷、租赁或者其他方式处分村集体财产	涉及集体财产和成员集体权益的事项，必须由本集体成员集体讨论决定，只有在未成立集体经济组织的地方才能由村民会议讨论决定
第二十八条	属于村民小组的集体所有的土地、企业和其他财产的经营管理以及公益事项的办理，由村民小组会议依照有关法律的规定讨论决定	在未成立集体经济组织的地方，属于村民小组农民集体所有的土地、企业和其他财产的经营管理以及公益和其他事项的办理，由村民小组会议依照有关法律的规定讨论决定	集体产权的行使主体以集体经济组织为第一顺序人，只有在未成立集体经济组织的地方才能由村民小组会议行使管理权利

中国农村金融论坛
CHINA RURAL FINANCE FORUM

附件一

农村集体产权制度改革顶层设计动向

农村集体产权制度
改革研究座谈会在北京召开

　　由国务院发展研究中心主办的农村集体产权制度改革研究座谈会今天在北京召开。国务院发展研究中心主任李伟出席会议并致辞，中央农村工作领导小组副组长兼办公室主任、中央财经领导小组办公室副主任陈锡文做主旨发言，中央农村工作领导小组办公室副主任、中央财经领导小组办公室副主任韩俊做会议总结，农业部副部长陈晓华等出席座谈会并发言。国务院发展研究中心副主任张军扩主持开幕式。

　　全国人大农业与农村委员会副主任委员刘振伟，国土资源部副部长胡存智，国家林业局副局长张建龙，国务院发展研究中心党组成员、办公厅主任隆国强，中国人民大学常务副校长王利明等中央有关部门负责同志，各省区市发展研究中心、农业厅、农办负责同志，农村集体产权制度改革典型地区的代表，经济和法学领域的专家学者参加了此次会议。

　　李伟在致辞中表示，党的十八届三中全会作出全面深化改革的决定以来，从中央到地方、从党政部门到学术界，都在深入谋划改革举措、积极讨论改革议题。国务院发展研究中心作为直接为中央决策服务的重要智库，是改革的积极参与者和重要推动者。根据有关方面安排，国务院发展研究中心承担了部分重大改革课题研究、部分改革方案第三方评估任务，直接参与了部分改革任务的方案制定。这其中，农村改革是最重要的组成部分之一。国务院发展研究中心就农村土地制度改革总体思路、坚持农村土地集体所有权、建立农村产权流转交易市场进行了专题研究，参与了赋予农民对集体资产股份权能、供销合作社综合改革等方案的研究。今后还将继续深化对农村集体产权制度改革的研究。

陈锡文在主旨发言中表示，推进农村集体产权制度改革，理论上要深入研究，但是要更多地去倾听农民的呼声，要总结农民的实践，要探究农民到底为什么要这样做。他认为，要更好地引导集体经济产权制度改革，需要在农村集体经济制度组织形式的基本特征、农村集体产权制度改革的目的、农村集体产权制度改革后的资产经营形式、农村集体经济组织成员界定等 10 个方面进行深入的理论、制度、政策研究。

韩俊在总结发言中表示，这次会议是在全面深化农村改革的关键时期召开的一次非常重要的会议，对深化一些重大问题的理论认识，指导下一步农村集体产权制度改革试点，进一步完善相关的法律法规体系具有重要的作用和意义。当前，相对于实践的创新，农村集体产权制度改革的理论研究、法律建设显得滞后。深入研讨农村集体产权制度改革在理论、法律和政策层面涉及的深层问题，可以为做好农村集体产权制度改革和法治建设的顶层设计提供理论支撑。他认为，此次会议讨论的包括集体产权制度改革的范畴、集体产权以及成员权如何界定、集体产权制度改革的组织形式等 12 个方面的话题，对将来推进和把握好农村集体产权制度改革的方向大有裨益。

在为期一天的讨论中，与会代表认为，农村集体所有制是公有制经济的重要组成部分，是中国特色社会主义的重要制度基础。建立符合社会主义市场经济体制要求的农村集体产权制度，是完善和发展中国特色社会主义制度的重要内容。改革开放以来，在农村集体产权制度改革方面，已经取得了很多突破，但这项改革还没有完成。只有通过深化改革，找到更有效的实现方式，才能使农村集体所有制立得住、行得远。推进农村集体产权制度改革，根本方向是探索社会主义市场经济条件下，集体所有制和集体经济更有效实现形式，进一步解放和发展农村生产力。为此，需要重点研究和解决好农村集体产权主体归属、集体资产的确权赋能、集体成员权界定、农村集体经济运营机制、农村集体经济组织的法人地位等问题。推进农村集体产权制度改革，特别是推进农村土地制度改革，既需要解放思想、大胆探索，也需要守住集体所有制、保护农民利益、于法有据等底线。

（资料来源：《中国经济时报》，2014 - 12 - 01。）

顶层设计紧锣密鼓
农村集体产权改革系列意见将出
核心是赋予农民占有、收益、抵押、
担保等六项权能

我国农村集体资产产权改革试点工作即将全面展开。《经济参考报》记者 1 日从国务院发展研究中心主办的农村集体产权制度改革研究座谈会上获悉,针对集体产权制度改革的顶层设计正在紧锣密鼓地进行,中央农村工作领导小组办公室、农业部等相关部门将推出一系列指导文件,除了即将发布的有关积极发展赋予农民对集体资产股份权能改革试点方案以外,正在研究制定针对农村土地征收、宅基地制度改革和发展农村产权流转交易市场等多个指导意见。

据与会代表介绍,本次农村集体资产产权改革的核心任务是赋予农民对集体资产股份占有、收益、有偿退出及抵押、担保、继承权等六项权能。改革试点将兼顾东中西不同区域,选择若干有条件的县(市)为单位开展,试点工作在 2017 年底完成。

目标　赋予农民更多财产权利

据中央农村工作领导小组办公室副主任、中央财经领导小组办公室副主任韩俊透露,党的十八届三中全会提出的 300 多项改革任务中,有超过 50 项和农业农村有关,而这其中的重头戏就是包括土地制度在内的集体产权制度的改革,可以说是前无古人的创新。目前,针对集体产权制度改革的顶层设计正在紧锣密鼓地进行,除了中共中央办公厅、国务院办公厅刚刚印发的《关于引导农村土地经营权有序流转发展农业适度规模经营的意见》以外，即将发布有关积极发展赋予农民对集体资产股份权能改革试点方案。另外，多部门还在研究并将出台关于农村土地征收、农地集体经营性建设用地入市和农村宅基地制度等"三块地"的改革指导意见，目前思路已经基本成型；中农办负责起草的关于引导农村产权流转交易市场健康发展的指导意见，已经提交有关方面讨论；农业部牵头的关于稳步推进农村集体产权制度改革的指导意见，已经形成基本框架，方案正在进一步完善中。

针对本轮改革，农业部副部长陈晓华表示，试点的目标原则为：要通过改革赋予农民更多财产权利，明晰产权、完善权能，积极探索集体所有制的有效实现形式，不断壮大集体经济实力，不断增加农民的财产性收入；在坚持家庭承包责任制的基础上，在保护农民合法权益、尊重农民意愿的前提下，发展多种形式的股份合作，探索建立有中国特色社会主义的农村集体产权制度。

陈晓华说，改革试点的重要目的是积极发展农民股份合作，要求是"归属清晰、权责明确、保护严格、流转顺畅"，核心任务是赋予农民对集体资产股份占有、收益、有偿退出及抵押、担保、继承权等六项权能。但是，要根据不同权能分类实施：要积极开展赋予农民对集体资产股份占有权、收益权试点，建立健全农村集体资产股权台账管理制度和收益分配制度。有条件地开展赋予农民对集体资产股份有偿退出权、继承权试点，尊重集体成员意愿，明确条件、程序。慎重开展赋予农民对集体资产股份抵押权、担保权试点，试点要在制定相关管理办法的基础上开展。

"最重要的就是要解决钱赚了后，怎么用、怎么分的问题。"中央农村工作领导小组副组长、办公室主任陈锡文表示，在基层干部和农民看来，改革的目的有三个，一是搞懂自己集体到底有多少"家当"，二是希望在经营这些资产的决策过程中能够公平公开、管理民主，三是经营成果能够公平分配。

缘起　　产权不清侵蚀集体经济

第二次全国土地调查主要成果及其他相关数据显示，中国的农村经济正在不断发展壮大，全国农村集体土地的总面积为 66.9 亿亩，包括 55.3 亿亩农用地和 3.1 亿亩建设用地，非资源性资产达到 2.4 万亿元，76% 集中在东部地区，这些资产和资源是集体经济存在的根基。然而，随着农村集体资产规模的不断增大，以及工业化城镇化的深入推进，一系列问题逐渐凸显出来。

陈晓华表示，农村集体资产的问题突出反映为：由于资产归属不清、管理不严导致的资产荒废和闲置，有不断流失的风险；随着农村社会结构的变化，农村各类人群要求参与分配和主张权利的呼声越来越高，引发了一些社会矛盾；由于农村治理机制不健全，出现了"小官大贪"的现象，2013 年针对集体资产管理和分配的信访占到了农业农村类信访的 23%，影响了农村稳定，还侵蚀了集体所有制的基础。

与会代表指出，要解决集体资产归谁所有、如何分配这些问题就要依靠农村集体产权制度改革。对此，党的十八届三中全会提出了"保障农民集体经济组织成员权利，积极发展农民股份合作，赋予农民对集体资产股份占有、收益、有偿退出及抵押、担保、继承权"的改革任务，这是一项牵一发而动全身的改革，需要试点先行。

陈锡文表示，实际上，农村集体产权制度的改革从 25 年前就已开始。20 世纪 80 年代，地处改革前沿的珠江三角洲一带，农村社区居民结构日趋复杂，同时集体资产的管理和收益分配矛盾突出，农民群众主动开展了各具特色的产权制度改革探索与实践。90 年代后，北京、上海、江苏、浙江等地也遇到了同样的问题，相继进行了改革试点。进入 21 世纪，改革覆盖的范围就更广了，目前全国范围内约有 4.8% 的村集体已经进行了这样的改革。

陈晓华说，2007年农业部出台了相关指导意见，到去年年底，全国已有2.8万个村庄，5万个村民小组完成了资产量化的改革，涉及资产4300多亿元，累计股金分红超过1500亿元，仅2013年分红的额度就接近300亿元。改革在很多地方都显现成效。从各地来看，一是能有效促进农民增收；二是有利于激活要素潜能，促进农业现代化发展；三是有利于保证农民的民主权利，完善农村的治理结构。

与会代表进一步指出，三中全会以来，农村集体产权制度改革取得了一定进展，但产权权属不清、土地流转不顺、土地制度不合理等问题仍未解决，此外，还需要为扩大土地经营权权能进一步厘清三权，为农村集体建设用地入市厘清用途管制机制、收入分配机制等，这些都需要深化现有的农村集体产权制度改革。

探索 多地改革模式亮点可取

多位专家指出，在已有的集体所有权改革地区里，不乏颇有特点的模式和成绩，值得未来试点地区参考。

据北京市农村工作委员会介绍，北京市的改革方向是"撤村不撤社、转居不转工、资产变股权、农民当股东"二十个字。20世纪90年代初，北京市就要求以行政村为单位设立村经济合作社，以乡为单位设立乡合作经济联合社，并取得法人资格，此后采取存量资产量化、"资源+资本"以及社员投资入股等多种方式进行股份合作制改革，目前股权设置基本分为集体股和个人股，一般分别不高于30%和不低于70%。截至目前，全市累计完成集体经济股份合作制改革的乡村集体经济组织达到3878个，村级完成改革比例达到97%。

上海市农业委员会介绍称，该市明确界定现阶段农村集体经济组织产权制度改革的范畴是非资源性集体资金和资产，坚持效益决定分配的模式，年度收益分配要依据当年的经营收益情况，确定合理的分配比例，建立以丰补歉机制，分配比例不得高于当年经营性净收益的七成，不收益不得分配，严禁举债分配。实践证明改革激发了集体经济活力，2013 年上海已有 89 个改制后的村集体经济组织进行了收益分红，年总分红 5.38 亿元，人均分红超过 3000 元。

浙江省宁波市的改革则在激活集体产权的金融属性更进一步，从 2009 年起，该市一些地方把股份经济合作社股权纳入农村有效担保物范围，依托辖区农村金融机构，建立股权融资平台，允许农民利用股权开展抵押贷款融资，股民可以按照自己股权所占资产总额的 80% 比例获得抵押贷款，财政建立抵押贷款风险基金，承担一定比例的不良贷款风险。截至目前，累计已有 1283 户农户获得贷款，总额接近 7000 亿元。

（资料来源：《经济参考报》，2014 - 12 - 02，记者：林远。）

"集体产权总体改革是顶层设计"

——访国务院发展研究中心农村经济研究部部长叶兴庆

厘清新形势下集体产权的权利主体、行使主体、成员权定义，是新形势下推进农村集体产权制度改革、赋予农民更多财产权利等一系列改革的前提条件。

随着农村土地制度改革继续推进，深化农村集体产权制度改革，已成各方共识。

改革的具体路径，是在全国范围推进集体资产股份合作制改革，探索让农民以股份形式持有集体资产，成为集体的"股东"，使集体资产不再"人人所有、人人无份"，从而被基层干部无理侵占。

这是中国从实践中找到的办法。自20世纪80年代末起，广东、浙江等地就有针对性地开展集体资产的改革实践。最主要的做法即是集体资产折股量化、农民以股份方式持有集体资产。

此路径之外，十八届三中全会亦给农民拥有的集体资产股份的权能进行了扩充。改革到位后，农民对集体资产，从法律上享有股份占有、收益、有偿退出及抵押、担保、继承权等一束产权，但如何赋权，目前尚未公布细化解释。

除此之外，在目前的改革可选项中，集体资产可以包括土地、林权等资源性资产、物业厂房等经营性资产，也可以涵盖办公楼道路等非经营性资产。但在全国多数地方，除农地、宅基地、林权，其余的这些资产尚未量化确权到集体成员，广泛存在资产不清、产权不清等问题。

针对这一系列问题，在2015年中央1号文件公布之际，《财经》记者对已多年参与起草该项文件的国务院发展研究中心农村经济研究部长叶兴庆进行了专访。据其透露，从宏观层面来看，解决这些问题的改革步骤正在一一加快。

核心三命题

《财经》：2015 年的中央 1 号文件述及了集体资产改革部分，你认为今年的这一部分表述，价值何在？

叶兴庆：在过去 11 年的中央 1 号文件和历次中央全会《决定》中，对农村集体产权制度改革这个话题鲜有涉足，即使提及，也仅是寥寥数语。但今年的中央 1 号文件对此的表述，应该说是最全面和系统的一次。具体表现为两点不同：第一，在前面的 11 个中央 1 号文件中，从未像今年一样针对集体产权单独进行全面部署；第二，今年中央 1 号文件在第二十二条中，针对土地等资源性资产、非经营性资产、经营性资产三类资产的未来改革框架进行了勾勒。因为要遵循 1 号文件的表述逻辑，没办法把它当单独变成一个大的部分进行阐述，只是放到了改革措施当中作为一个条目来陈述。但我们应该清楚，它的重要性远远超越目前的这一小段文字，因为农村集体产权制度改革与土地制度改革、农业经营性体系建设等一系列改革都有所交叉，所以它是中国接下来一段时间之内，为了赋予农民各项财产权利而进行的各项具体改革的一个顶层框架。

《财经》：为什么农村集体产权制度改革如此重要？

叶兴庆：按照中国目前的农村集体产权制度安排，农民是不能退出集体的，集体土地的使用与流转也是有限制的。这样的规定防止了工商资本圈占农村土地，没有让农民流离失所大量破产，起到了应有的积极作用。但任何事情都有两面性，随着工业化城镇化发展，人以及集体资产本身，最终都是要流动起来的。于是我们原先那套农村集体产权制度安排的不利一面，就逐步凸显出来了。

　　十八届三中全会《决定》提出，要赋予农民更多的财产权利，这一句话将会引出多个子项改革。比如会议提出，土地承包经营权可以抵押、入股；提出集体经营性建设用地可以租赁、入股、转让，跟国有土地同价同权；要赋予农民对集体资产股份更多权能，农民名下的股份，享有占有、收益等六项权能；甚至还包括农民的住房财产权的抵押、担保以及转让……所有这一系列的改革都会碰到一系列的共性问题，就是集体所有制在新形势下的组织形式、实现方式和发展趋势问题。

　　之所以这么说，是因为集体产权的改革方向，是要让农民在集体资产中拥有更多财产性权利。所谓更多，就是给他们的权能更大，大到可以进行流转交易。而流转交易如果只能在集体经济组织内部进行，就还是一个很小的权能。想要让权能更大，交易对象就要在更大的范围内进行选择。如此一来，势必要突破集体经济组织的边界，会对集体经济组织的实现形式提出新要求。包括要把所有权搞清楚，行使主体搞清楚，成员权搞清楚，以及弄清楚集体经济组织的组织形式和法人地位问题，集体经济组织的功能是否进行政经分离，承担的公共事务如何剥离出去等一系列问题。

　　这么多子项的改革都要融入到集体资产改革这个框架中去，都涉及到完善集体所有制的实现方式的问题。所以集体资产制度改革是所有上述改革的顶层设计。我们要通过集体产权制度改革，把集体所有制在新的时代背景下的一系列本质特征搞清楚，以此作为改革的新方向，探索集体资产更有效的实现形式。相较于现在传媒普遍关心的土地改革等二级改革，这才是一级改革大纲。如果连集体所有制的含义都搞不清楚，一系列的法律就无法修改，与之相关的改革也推进不了，更谈不上把赋予农民更多财产权利的要求一点点落到实处。

　　《财经》：那到目前为止，集体所有制有哪些需要弄清楚的特征？

　　叶兴庆：其一，集体所有权的权利主体是谁？其二，集体所有权的行使主体是谁？其三，集体所有权下面的成员权的含义是什么？只有把这三个问题搞清楚了，才能推进赋予农民更多财产权利的一系列改革。

《财经》：就集体所有权的权利主体来说，目前还有无争议？

叶兴庆：这次农村集体产权制度改革的目的之一，就是要把集体资产的所有权主体搞清楚。在此之前，包括在《宪法》、《民法通则》、《土地管理法》、《农村土地承包法》、《村民委员会组织法》很多政策性文件中，对这个问题一直都没有讲清楚，集体资产到底归谁所有？归村所有？归村委会所有？归集体经济组织所有？这些判断都是不对的。

此前这个事情说得比较含糊，原因一个是比较敏感，除此之外，恐怕更多的是在认知程度上，还没有达到那个水平。现在来看，按照《物权法》第五十九条的规定，我们在进行认知的时候，就农村集体资产的所有权权利主体来说，已经有了一个新的、很清晰的理解——农村集体的动产以及不动产，其权利主体不是村委会，也不是村干部，而是农民成员集体。这句话的意思是说，农村集体产权改革的权利主体是由若干人组成的一个团体，团体与成员互不分离。但要注意的是，这跟《物权法》中所讲的共有制，也就是共同所有、按份共同拥有还不是一回事儿。共有是可以解散、可以退出的。但是在我们的农村集体经济，特别是土地集体所有制中，集体是不能解散的，成员也是不能够退出的。

行使主体可选

《财经》：就集体产权改革尚待完成的第二个目标，针对其行使主体，目前有无具体的改革步骤？

叶兴庆：首先，集体资产的所有权主体已经明确是成员集体所有，不是单独个人所有，也不是一个组织所有。接下来就是集体资产的行使主体问题。100个人组成一个集体，总要有代表来执行。按照我的理解，真正有资格做代表的，只有两种组织，其中一种是各类集体经济组织。但现在的问题是，在中国的很多农村地区，在原先的公社体制解体之后，并没有重新成立集体经济组织。在此情况之下，《村民委员会组织法》中就规定，村民委员会可以管理集体资产，也就是成为集体资产所有权的行使主体。

有两个问题需要注意：其一，在南方很多地区，这两种组织实际上是并行存在的。应该把集体经济组织作为第一顺位的行使主体，村民委员会不能再决定集体资产的处置等问题。但在目前中国的法制框架当中，村委会行使村集体资产是有法律依据的，不只是《村民委员会组织法》，在《宪法》、《民法通则》、《土地管理法》、《农村土地承包法》中对此都有论述。而农村集体经济组织成为集体产权的行使主体，现在并没有非常明晰的法律依据。在改革最终明晰这一点之前，应该避免集体经济组织和村委会之间打架，争夺行使权。

其二，政策应该因地制宜。在集体资产比较多的地方，应该成立集体经济组织。而在大量农区，土地以外的集体资产不多的地方，为了减少农村社会治理成本，可以继续由村委会代行集体资产的管理经营职能。

《财经》：对于第二个需要注意的地方，具体应该怎么区分到底是谁来行使集体产权？

叶兴庆：在中国的大量农村地区，其实还没有区分的必要，但在南方的一些地区，因为集体资产的增值速度非常快，集体经济组织的成员与当地的常住人口——也就是能够参加村民自治的成员——交叉程度迅速下降的地方，有必要进行政经分离。集体经济组织管理集体资产，村民自治组织管理常住人口的民主权利表达等。

《财经》：这是否会出现乡村社会公共服务成本谁来承担的问题？在村委会行使管理权的时候，出现了一系列"小官巨腐"案例，但农村社会公共服务的资金来源是确定的。集体经济组织通过成立股份制公司等形式独立运营后，公共服务应由谁来承担成本？

叶兴庆：在以前城乡分治的时候，农村的公共服务是由农村集体经济组织来掏钱的，这本身是对集体资产的一种侵犯，事实上应该由公共财政来承担。要实现农村政经分离，就要考虑这样的前提条件，那就是当地政府已经可以将公共服务延伸到农村社区中去。

现在国家已经意识到了这个问题，在有些地方也已经开始进行实践。比如苏州就开始进行剥离了，乡村的公共服务交给政府，政府为其提供道路、路灯、绿化、保洁、治安等，集体经济组织变成一个市场主体，它跟其他市场主体一样，都是纳税人，都要照章纳税。

在这个过程当中，存在一个政府与集体经济组织进行谈判的问题。广东的一些地方最近这两年就是这么做的，之前要照顾集体经济组织，集体经济组织本身的实力也比较大，它们不向政府交税，政府也不承担公共服务，连治安都是集体经济组织自己来承担的。要把公共服务由政府管理可以，但要把之前每年履行公共服务成本的 5～7 倍一次性交给政府，之后照章纳税，就像买断工龄或者补缴社保一样。

《财经》：结合中国各地的实践，集体经济组织主要有哪些实现形式？

叶兴庆：我们现在所讲的集体经济组织，主要是社区性的集体经济组织。其基础是 20 世纪 50 年代以土地入股为框架圈定的，这种框架延续到现在，以它为基础，集体经济组织掌握一些物业，以此为获得盈利的手段，这种简单的形式是可行的。但除此之外，如果这些集体经济组织想要进入竞争更激烈、专业水平要求更高的产业领域，再继续采取这一形式就不合适了。于是在地方实践中又涌现出来了一系列的集体经济组织形式，比如集体经济组织部分或者完全持股一个经营性的经济实体，在这个新产生的集体经济实体里面，经营团队对集体资产有了更多的支配权力，它已经不是一个典型意义的集体经济组织了。对于集体经济组织非农活动比较多的地方，这种形式有比较大的生存空间。

《财经》：广东一开始是将原先的三层公社体系改制成了三层合作社形式，以此作为集体经济组织的承载主体。后来又在这个基础之上，出现了南海的集体股份制合作制等形式。

叶兴庆：南海就是把社区性的集体经济组织改制成了股份合作制。但需要注意，集体经济组织的法人地位问题并没有完全解决。很多集体经济组织改组的股份合作制实体没有办法进行工商注册，没法开税票和开账户。所以南方的一些地区，就更进了一步，把集体经济组织彻底改组为股份制公司了。

也有学者指出，公司化本身就是一把"双刃剑"。其发展到一定程度之后，就跟集体经济组织的本质特征没有什么关系了。我认为这是一种方向，在集体土地已经没有了，或者集体农用地已经很少的地区，当地的公共事业也已经剥离给政府之后，农民已经完全市民化了，集体经济组织改制为典型意义上的股份制公司是可以的。北京的部分郊区、广东的一些城中村，都是这样做的。

锁定成员权

《财经》：从南海等地过去的实践经验来看，上述改革的第三个任务，也就是成员权的定义，是否是最困难的？

叶兴庆：对，但它最关键。具体来说，改革之前成员权的定义，包括两个方面：其一，什么人有资格成为集体经济组织的成员？按照我们的传统做法，就是跟身份绑定，实行身份制。你在这儿出生，你肯定有成员权；你通过合法的婚姻将户口迁入之后，也可以成为集体经济组织的成员。除此之外，从合法性来说，就没有什么公开、正式地进入集体经济组织的途径了。其二，有了成员权之后，意味着获得什么权利？按照传统的做法，从财产权的角度来说，第一是会有承包地，获得承包经营权；第二是有申请使用宅基地的权利；第三是参与集体资产收益的分配权。除此之外，还包括其他的非财产性的权利，比如民主管理、民主监督等。

从今年中央 1 号文件本身以及以往的一些比较正式的文件来看，对于未来集体经济组织的成员权问题，并没有规定得很详细。但是我主张，从长远看，成员权改革的核心之一，是应该锁定边界。应该设定一个时间点，以其为准，来锁定集体成员的边界。我不太主张继续坚持现在的做法，也就是不管在什么情况之下，只要是新出生的成员，只要是通过合法的婚姻加入的，都能够不断地成为集体经济组织的成员。这样的产权制度安排，不利于人口今后的城镇化，不利于集体资产配置效率的提高，也不利于像南海这样的一系列社会矛盾问题的解决。不锁定的话，就会没完没了。

事实上，我们在很多现有的改革过程中，已经体现了这样的改革取向。

《财经》：有什么具体的案例？

叶兴庆：我们在一些单项问题上的改革做法，实际上已经在针对我们传统的集体经济所有制的成员权进行改革。传统的集体所有制成员权的含义是：只要是符合身份的，就天然是这个集体经济组织的成员，只要是成员，就天然地要一份产权、要承包地、要宅基地。

但是，我们在进行土地承包要股份制度改革的时候，就提出来长久不变的概念，"生不增、死不减"，这实际就是指在承包期的 70 年当中，没有成员权的概念了。不管是通过出生还是通过合法的婚姻进入，都不意味着能分配新的承包地。这就是家庭承包责任制的内涵。土地在分配到户的时候，是考虑了当时的人口因素的，比如，你家承包的时候有五口人，分配了相应的土地。后来你家变成两口人或者是十口人，但是土地的承包经营权已经变成家庭的共有财产、共有产权，所以不存在什么无地人口的概念了。

此外，在集体经济组织内部，比如南海的实践当中，一开始是土地之外的经营性资产量化搞股份制合作，固化到人，但是人有生老病死，有迁出迁入，所以经过多年不断的博弈之后，最终也选择了这种股权固化的做法，也就是说，集体经营性资产搞股份制改造之后，确权到人，然后固化到户。股权没说年限，那就是永久股权。然后通过遗产继承的方式往下走。这就是对于成员权的一个重大的改造。这个改造使中国集体所有制的内涵发生了悄然的变化。这种情况下的集体所有制，和我们传统意义上的集体所有制有着根本的区别。

综上所述，为避免引起争端，对已经针对集体经济组织实行股份合作制改革的地方，实际上在改革的过程中就对成员权进行了一次清理，对资产也做了量化。在这个基础上，就不应该再去追究成员权的问题了；而在还没有实施农村集体经济组织改革的地方，下一步要搞改革，首先就要把成员的资格搞清楚，哪些人有资格来分这个集体资产。搞清楚之后，就到此为止锁定了。今后新增加的人，新死亡的人，都不影响产权的变化了，核心就是"生不增、死不减"。

《财经》：但是要锁定成员权很麻烦的一点是，如果一些群体，比如外嫁女，一旦被排除在集体经济组织外部，这些人的权益就没法得到保障了。

叶兴庆：成员权问题的确比较敏感。存在一个各方利益兼顾的问题。我认为还是要秉着因地制宜、社会矛盾最小化、社会共识最大化这样的原则，界定新形势下或者未来的成员权的内涵。而且的确要尊重农民，不能替农民画条条框框。因为各地的情况的确不一样，比如江苏对外嫁女的情况比较包容，广东因为乡村文化中重男轻女的观念根深蒂固，相对来说对外嫁女更排斥一些。所以，全国未来要出台的一系列相关意见和制定的条例，都是宜粗不宜细的，否则各地可能谁都受不了。

总体方案孕育中

《财经》：目前各地在纷纷进行的集体产权制度改革是否存在"各自为政"、最终全国无法统一的问题？

叶兴庆：实际上，目前有关土地的集体产权制度改革，全国都是一样的，按照统一的方案在做。主要区别就在于2.4万亿元的经营性资产，它们实际是在城市化、工业化的过程中间产生的增值收益的积累。这种改革主要集中在城郊农村和工业化较快的农村地区。按照中农办陈锡文主任之前的计算，全国农村当中，大概有10%的村有这样的改革任务，剩下的因为没有集体经营性资产，不需要进行这样的改革。

但是就在这些迫切需要改革的地区，在进行集体产权制度改革的时候，改革的类型和做法的确是五花八门，哪些资产作为改革范围，怎么折股量化，成员资格怎么界定，拿到手的股份具有哪些权利等一系列问题，的确是需要规范起来的。之前不久，农业部等多个部委联合发布了《积极发展农民股份合作赋予农民对集体资产股份权能改革试点方案》，这是经过中央深改组审议通过的，其核心就是部分解决这些问题，对经营性资产进行折股量化，对股份制合作改革进行规范。

《财经》：但是农村集体产权制度改革的三个核心方面，到底如何取舍，现在并没有清晰的框架。

叶兴庆：从改革的逻辑上看，应有一个"统"与"分"的关系。目前的做法是将大量的具体问题分解到各个部门，因为他们对政策的来龙去脉比较熟悉，所以他们提出的方案操作性很强。但问题在于，最终出现的结果就是协调、统一的程度不够。各部门讲到了各个领域的各种具体的改革意见，有很多具体的改革举措，存在很多亮点和突破，但大多是体现在单项改革上面，对于集体产权制度改革和集体所有制的实现形式等更为顶层的问题，没有一个总体设计。十八届三中全会已经召开一年多了，要出成果，着急就把"分"的部分出来了一点，"统"的部分还没有出来。这个问题不仅农口有，在其他很多领域也存在，这是需要改进的地方。

《财经》：目前各相关部门有无相应的改革进展？

叶兴庆：在国有资产管理改革方面，目前国家已经成立了相应的权威机构。在"三农"这一块的改革领域，相关部门对集体产权制度改革的调研、谋划速度也在加快，实际上也是希望能够尽快出台一个总体性的设计。

当然，工作还在进展当中不便多说。能够说的就是，自 2014 年以来，中央有关部门根据相关文件的要求，为出台农村集体产权制度改革的总体意见，进行了大量的前期研究，会有相应的成果出现。最近出台的一系列改革举措，包括实行"三权分置"、引导土地经营权有序流转，赋予农民对集体资产股份权能，还有土地征收、集体经营性建设用地入市和宅基地制度改革，它们实际上都已经涉及到对集体所有制的改造。

除此之外，今年中央 1 号文件对此已经提出了改革的具体方向。比如第二十二条的表述为，"出台稳步推进农村集体产权制度改革的意见"。此外在第二十八条中还表示，"抓紧研究起草农村集体经济组织条例"——既然是条例，就不是地方性而是全国性的，要对集体经济组织最基本的东西规范起来——实际就是针对"各自为政"的问题，在中央层面正在进行类似顶层设计的过程。对于今后要制定出台的更为详细的文件来说，这就是具体的方向和思路。

（资料来源：《财经》，2015 - 02 - 16，记者：焦健。）

准确把握农村集体产权制度改革的方法论

叶兴庆

2015 年中央 1 号文件明确提出，要推进农村集体产权制度改革，探索农村集体所有制有效实现形式，出台稳步推进农村集体产权制度改革的意见；健全农村产权保护法律制度，抓紧研究起草农村集体经济组织条例。这是 21 世纪以来聚焦"三农"工作的 12 个中央 1 号文件中，关于农村集体产权制度改革最全面系统的部署。在全面深化改革的关键之年，突出强调推进农村集体产权制度改革，有其深刻寓意；在涉及农村集体产权制度的部分具体改革方案已经公布实行的情况下，仍然要求对农村集体产权制度改革进行顶层设计和整体谋划，有其深远考虑。对个中寓意和考虑，仅从文件的具体条文难以明了，必须站在方法论的高度才能洞悉。

一、从增强农村改革协调性的角度理解推进农村集体产权制度改革的必要性

党的十八届三中全会《决定》提出的 336 项改革举措中，涉及农业农村的大约有 50 项，包括放宽农村集体经营性建设用地入市限制、扩大土地承包经营权权能、改革完善农村宅基地制度、推进农民住房财产权流转、赋予农民对集体资产股份更大权能、建立农村产权流转交易市场、完善集体林权制度、推行水权交易制度等。党的十八届四中全会《决定》明确要求加强对各种所有制经济组织和自然人财产权的保护，部署了创新适应公有制多种实现形式的产权保护制度、加强对集体资产

所有权和经营权的保护，制定和完善土地管理、农业等方面法律法规的法制建设任务。最近一个时期，《引导农村土地经营权有序流转发展农业适度规模经营的意见》、《积极发展农民股份合作赋予农民对集体资产股份权能改革试点方案》、《关于农村土地征收、集体经营性建设用地入市、宅基地制度改革试点工作的意见》、《关于引导农村产权流转交易市场健康发展的意见》等改革方案陆续公布。

按照目前的改革工作部署，这些改革举措的方案制定和实施分别由各业务主管部门牵头负责。这有利于发挥业务部门熟悉体制沿革、了解具体情况、便于利用前期工作基础的优势。但也必须看到，这些体制改革和法治建设任务，相互之间存在紧密联系，会遇到需要解决的共性问题。如果找准牵一发而动全身的"牛鼻子"，做好顶层设计，就可以避免改革的碎片化，增强改革的整体性、系统性、协同性，从而提高改革效率。农村集体产权制度改革正是这样的一个"牛鼻子"。

例如，实现赋予农民更多财产权利的改革目标，需要扩大农民对集体资产股份、承包地、宅基地、住房等的处置权，流转交易的对象范围势必要突破原来的集体经济组织边界。虽然在"三权分置"的掩护下，赋予承包经营权抵押、担保、入股权能，抵押、担保、入股的客体是经营权，不至于导致承包权流向外部人员，但承包权的退出和继承问题并未得到解决，未来仍存在流向外部人员的可能性。推进农民住房财产权抵押、担保、转让，在房地不可分离、受让人范围扩大到本集体以外人员的情况下，势必导致宅基地使用权一并流向外部人员。赋予农民对集体资产股份有偿退出、抵押、担保、继承权，使外部人员持有集体资产股份的几率大大提高。同时，由于土地承包关系长久不变和"生不增、死不减"，以及一些地方在股份合作制改革中实行股权固化和"进不增、出不减"，新增成员不再自动拥有对集体资产的各项权能。集体所有制的核心特征是成员权，即取得成员资格的人天然拥有对集体资产的各项权能，只有本集体成员才能获得土地承包权、宅基地使用权等权利。落实党的十八届三中全会《决定》部署的上述农村改革任务，势必使成员权的内涵发生深刻变化。这要求我们从历史上讲清楚农村集体所有制的来龙去脉、实践发展的主要线索，从理论上说透彻农村集体所有制的基本特征和存在逻辑，从法理上辨明农村集体资产的权利主体与行使主体，从而对集体所有制下的产权体系进行重构。

从某种程度上讲，2015 年中央 1 号文件部署的农村集体产权制度改革是"纲"，党的十八届三中全会《决定》部署的有关赋予农民更多财产权利的各项具体改革是"目"，"纲"举才能"目"张。

二、推进农村集体产权制度改革需要回答三个关键问题

农村集体产权制度改革并不是新鲜事。改革开放以来，实行家庭承包经营，实现了土地所有权和承包经营权的分离；推行乡镇企业改制，建立起现代企业制度；推行股份合作制改革，把集体资产折股量化到集体成员，实行按股分红；推行集体林权制度改革，把林木所有权和林地承包经营权落实到户；一些地方还实行了小型农田水利产权制度改革。但这并不意味着我们对农村集体产权制度的认识有多么深刻。改革越往前走，需要回答的理论、法律、政策、实践问题越是复杂。其中，最为关键的是三个问题。

第一，集体产权归谁所有。根据《宪法》第六条规定，集体所有制是我国两大公有制形式之一。但长期以来关于农村集体资产归谁所有、集体所有权的权利主体究竟是谁，一直没有一个明确、统一的说法。《宪法》第六条使用的是"劳动群众集体所有"，《民法通则》第七十四条使用的是"劳动群众集体所有"、"村农民集体所有"和"集体经济组织所有"，《土地管理法》第八条使用的是"农民集体所有"，《物权法》第五十九条使用的是"成员集体所有"。由此可见，在集体产权的权利主体上，按时间顺序，先后有"劳动群众集体所有"、"农

民集体所有"、"集体经济组织所有"和"成员集体所有"四种不同表述。我们主张沿着《物权法》的思路界定集体产权的权利主体，明确规定集体产权属于成员集体所有，而不是集体经济组织或村民委员会所有，更不是村干部所有。

第二，集体产权归谁支配。由谁代表"成员集体"来支配集体产权、集体所有权的行使主体是谁，也是长期以来没有厘清的一个关键问题。根据《民法通则》第七十四条、《土地管理法》第十条、《农村土地承包法》第十二条和《物权法》第六十条的规定，村（组）集体经济组织或者村民委员会（村民小组）都可以经营、管理土地等集体资产。根据《村民委员会组织法》第八条规定，由村民委员会管理本村属于村农民集体所有的土地和其他财产。我们认为，尽管集体成员与自治成员的成员权取得方式有本质区别，但在农村人口不流动的情形下，是由村（组）集体经济组织还是由村民委员会（村民小组）支配集体资产，并没有本质区别。随着农村人口流动现象增多，一些地方，特别是城郊农村，集体成员与自治成员的重合度逐步下降，继续由村民委员会行使集体资产的支配权，容易导致对集体经济组织成员财产权利的侵犯。在这些地方，有必要尽快建立集体经济组织，由其代表"成员集体"行使对集体资产的支配权利。

第三，集体产权归谁用益。成员权制度是农村集体所有制区别于全民所有制、城镇集体所有制的重要方面，也是农村集体所有制区别于共有、合有、总有等团体所有制的重要方面。进一步健全成员权制度，明确界定什么人有权成为集体成员、集体成员具有什么权利，是推进农村集体产权制度改革最基础、最重要的一项工作，也是最容易引起纠纷的一项工作。虽然《物权法》已经有成员权制度的萌芽，但成员权的内涵需要具体化，"成员集体所有"的法律性质和内涵需要进一步明确，成员资格认定的具体标准需要作出法律规定，集体经济组织成员权利与村民自治权利的关系有待厘清。一些地方提出，集体资产股份应"量化到人、确权到户"，以家庭为单位实行股权固化和"增人不增股、减人不减股"，这种做法的利弊究竟如何权衡？实行土地承包关系长久不变和"生不增、死不减"，特别是一旦外部人员通过行使抵押权、继承权等途径获得原先只有集体成员才能取得的宅基地使用权、集体资产股权，将对成员权制度、进而对农村集体所有制和农村社会治理体制带来怎样的影响？这些问题都需要回答清楚。

三、推进农村集体产权制度改革需要采取差异化战略

农村集体产权制度改革涉及我国基本经济制度和农村基本经营制度，涉及经济、法律和社会的方方面面，涉及不同主体的利益诉求，问题十分复杂。不能"齐步走"、"一刀切"，必须区别不同情况分类推进。

第一，国家、集体、成员利益统筹兼顾。推进农村集体产权制度改革，核心是要在国家、集体与成员之间合理分割集体资产的产权。在国家与集体之间，重点是按照规划和用途管制的要求，赋予农村集体经营性建设用地直接进入城乡统一的建设用地市场的权能；改革征地制度，缩小征地范围，赋予农村集体更大的土地发展权。在集体与成员之间，重点是赋予成员对承包地更完整的权能、对集体资产股份更大的权能、对宅基地和住房财产权更充分的权能。推进这些领域的确权赋能，涉及国家、集体、农民之间利益关系的深刻调整。比如，集体经营性建设用地入市产生的增值收益，如何在国家与集体之间分配，需要有各方能够接受的解决方案。又如，实行承包地"三权分置"后，所有权如何体现、承包权如何稳定、经营权如何放活，需要清晰界定各自的权利边界。再如，在宅基地长期持有和住房流转交易中，集体所有权如何体现，也需要有个说法。

第二，资源性、公益性、经营性资产分类推进。农村集体资产类型

多样，包括土地等资源性资产、学校等公益性资产、厂房等经营性资产。各类集体资产产权制度改革进展不一、要求各异，必须分类推进。由于土地不能实行私人所有，各类集体土地的产权制度改革重在寻找更有效的集体所有制实现形式，在国家、集体、成员之间重新分割占有、使用、收益、处分权能。对公益性资产，重点是探索有利于降低运行成本、提高服务效能的管理模式。经营性资产的可变现、可分割、可交易性更高，可以实行灵活多样的改制模式，对物业、集体经营性建设用地使用权等以租赁经营为主、收益稳定而透明的集体资产，可实行股份合作制改革，在维持集体统一经营与明晰成员权利之间达成新的平衡；对征地补偿费等现金资产，可以直接分配给集体成员。

第三，一般农区、城郊地区、城市化地区各有侧重。各地农村发展不平衡，有些地方除土地外没有其他集体资产、土地增值空间很小，有些地方经营性资产较多、土地增值潜力较大，必须因地制宜推进农村集体产权制度改革。一般农区主要是对各类土地资产和农民住房财产进行确权登记颁证，完善承包地经营权流转制度，建立集体成员认定制度。城郊地区集体资产产权制度改革任务较重，既要对经营性资产进行全面清产核资、折股量化到人，也要对各类土地资产进行改革，而且土地产权制度改革的侧重点也有别于一般农区。在土地已全部城市化、集体成员已全部市民化、社区公共产品已全部由政府承担，集体成员对集体资产管理意见较大、问题较多的城市化地区，集体所有制的存在逻辑不复存在，改革的尺度可以更大些。

附件二

农用地制度改革动向

中共中央办公厅、国务院办公厅印发《关于引导农村土地经营权有序流转发展农业适度规模经营的意见》

伴随我国工业化、信息化、城镇化和农业现代化进程，农村劳动力大量转移，农业物质技术装备水平不断提高，农户承包土地的经营权流转明显加快，发展适度规模经营已成为必然趋势。实践证明，土地流转和适度规模经营是发展现代农业的必由之路，有利于优化土地资源配置和提高劳动生产率，有利于保障粮食安全和主要农产品供给，有利于促进农业技术推广应用和农业增效、农民增收，应从我国人多地少、农村情况千差万别的实际出发，积极稳妥地推进。为引导农村土地（指承包耕地）经营权有序流转、发展农业适度规模经营，现提出如下意见。

一、总体要求

（一）指导思想。全面理解、准确把握中央关于全面深化农村改革的精神，按照加快构建以农户家庭经营为基础、合作与联合为纽带、社会化服务为支撑的立体式复合型现代农业经营体系和走生产技术先进、经营规模适度、市场竞争力强、生态环境可持续的中国特色新型农业现代化道路的要求，以保障国家粮食安全、促进农业增效和农民增收为目标，坚持农村土地集体所有，实现所有权、承包权、经营权三权分置，引导土地经营权有序流转，坚持家庭经营的基础性地位，积极培育新型经营主体，发展多种形式的适度规模经营，巩固和完善农村基本经营制度。改革的方向要明，步子要稳，既要加大政策扶持力度，加强典型示范引导，鼓励创新农业经营体制机制，又要因地制宜、循序渐进，不能搞大跃进，不能搞强迫命令，不能搞行政瞎指挥，使农业适度规模经营发展与城镇化进程和农村劳动力转移规模相适应，与农业科技进步和生产手段改进程度相适应，与农业社会化服务水平提高相适应，让农民成为土地流转和规模经营的积极参与者和真正受益者，避免走弯路。

（二）基本原则

——坚持农村土地集体所有权，稳定农户承包权，放活土地经营权，以家庭承包经营为基础，推进家庭经营、集体经营、合作经营、企业经营等多种经营方式共同发展。

——坚持以改革为动力，充分发挥农民首创精神，鼓励创新，支持基层先行先试，靠改革破解发展难题。

——坚持依法、自愿、有偿，以农民为主体，政府扶持引导，市场配置资源，土地经营权流转不得违背承包农户意愿、不得损害农民权益、不得改变土地用途、不得破坏农业综合生产能力和农业生态环境。

——坚持经营规模适度，既要注重提升土地经营规模，又要防止土地过度集中，兼顾效率与公平，不断提高劳动生产率、土地产出率和资源利用率，确保农地农用，重点支持发展粮食规模化生产。

二、稳定完善农村土地承包关系

（三）健全土地承包经营权登记制度。建立健全承包合同取得权利、登记记载权利、证书证明权利的土地承包经营权登记制度，是稳定农村土地承包关系、促进土地经营权流转、发展适度规模经营的重要基础性工作。完善承包合同，健全登记簿，颁发权属证书，强化土地承包经营权物权保护，为开展土地流转、调处土地纠纷、完善补贴政策、进行征地补偿和抵押担保提供重要依据。建立健全土地承包经营权信息应用平台，方便群众查询，利于服务管理。土地承包经营权确权登记原则上确权到户到地,在尊重农民意愿的前提下,也可以确权确股不确地。切实维护妇女的土地承包权益。

(四)推进土地承包经营权确权登记颁证工作。按照中央统一部署、地方全面负责的要求,在稳步扩大试点的基础上,用 5 年左右时间基本完成土地承包经营权确权登记颁证工作,妥善解决农户承包地块面积不准、四至不清等问题。在工作中,各地要保持承包关系稳定,以现有承包台账、合同、证书为依据确认承包地归属;坚持依法规范操作,严格执行政策,按照规定内容和程序开展工作;充分调动农民群众积极性,依靠村民民主协商,自主解决矛盾纠纷;从实际出发,以农村集体土地所有权确权为基础,以第二次全国土地调查成果为依据,采用符合标准规范、农民群众认可的技术方法;坚持分级负责,强化县乡两级的责任,建立健全党委和政府统一领导、部门密切协作、群众广泛参与的工作机制;科学制定工作方案,明确时间表和路线图,确保工作质量。有关部门要加强调查研究,有针对性地提出操作性政策建议和具体工作指导意见。土地承包经营权确权登记颁证工作经费纳入地方财政预算,中央财政给予补助。

三、规范引导农村土地经营权有序流转

(五)鼓励创新土地流转形式。鼓励承包农户依法采取转包、出租、互换、转让及入股等方式流转承包地。鼓励有条件的地方制定扶持政策,引导农户长期流转承包地并促进其转移就业。鼓励农民在自愿前提下采取互换并地方式解决承包地细碎化问题。在同等条件下,本集体经济组织成员享有土地流转优先权。以转让方式流转承包地的,原则上应在本集体经济组织成员之间进行,且需经发包方同意。以其他形式流转的,应当依法报发包方备案。抓紧研究探索集体所有权、农户承包权、土地经营权在土地流转中的相互权利关系和具体实现形式。按照全

国统一安排，稳步推进土地经营权抵押、担保试点，研究制定统一规范的实施办法，探索建立抵押资产处置机制。

（六）严格规范土地流转行为。土地承包经营权属于农民家庭，土地是否流转、价格如何确定、形式如何选择，应由承包农户自主决定，流转收益应归承包农户所有。流转期限应由流转双方在法律规定的范围内协商确定。没有农户的书面委托，农村基层组织无权以任何方式决定流转农户的承包地，更不能以少数服从多数的名义，将整村整组农户承包地集中对外招商经营。防止少数基层干部私相授受，谋取私利。严禁通过定任务、下指标或将流转面积、流转比例纳入绩效考核等方式推动土地流转。

（七）加强土地流转管理和服务。有关部门要研究制定流转市场运行规范，加快发展多种形式的土地经营权流转市场。依托农村经营管理机构健全土地流转服务平台，完善县乡村三级服务和管理网络，建立土地流转监测制度，为流转双方提供信息发布、政策咨询等服务。土地流转服务主体可以开展信息沟通、委托流转等服务，但禁止层层转包从中牟利。土地流转给非本村（组）集体成员或村（组）集体受农户委托统一组织流转并利用集体资金改良土壤、提高地力的，可向本集体经济组织以外的流入方收取基础设施使用费和土地流转管理服务费，用于农田基本建设或其他公益性支出。引导承包农户与流入方签订书面流转合同，并使用统一的省级合同示范文本。依法保护流入方的土地经营权益，流转合同到期后流入方可在同等条件下优先续约。加强农村土地承包经营纠纷调解仲裁体系建设，健全纠纷调处机制，妥善化解土地承包经营流转纠纷。

（八）合理确定土地经营规模。各地要依据自然经济条件、农村劳动力转移情况、农业机械化水平等因素，研究确定本地区土地规模经营的适宜标准。防止脱离实际、违背农民意愿，片面追求超大规模经营的倾向。现阶段，对土地经营规模相当于当地户均承包地面积 10 至 15

倍、务农收入相当于当地二三产业务工收入的，应当给予重点扶持。创新规模经营方式，在引导土地资源适度集聚的同时，通过农民的合作与联合、开展社会化服务等多种形式，提升农业规模化经营水平。

（九）扶持粮食规模化生产。加大粮食生产支持力度，原有粮食直接补贴、良种补贴、农资综合补贴归属由承包农户与流入方协商确定，新增部分应向粮食生产规模经营主体倾斜。在有条件的地方开展按照实际粮食播种面积或产量对生产者补贴试点。对从事粮食规模化生产的农民合作社、家庭农场等经营主体，符合申报农机购置补贴条件的，要优先安排。探索选择运行规范的粮食生产规模经营主体开展目标价格保险试点。抓紧开展粮食生产规模经营主体营销贷款试点，允许用粮食作物、生产及配套辅助设施进行抵押融资。粮食品种保险要逐步实现粮食生产规模经营主体愿保尽保，并适当提高对产粮大县稻谷、小麦、玉米三大粮食品种保险的保费补贴比例。各地区各有关部门要研究制定相应配套办法，更好地为粮食生产规模经营主体提供支持服务。

（十）加强土地流转用途管制。坚持最严格的耕地保护制度，切实保护基本农田。严禁借土地流转之名违规搞非农建设。严禁在流转农地上建设或变相建设旅游度假村、高尔夫球场、别墅、私人会所等。严禁占用基本农田挖塘栽树及其他毁坏种植条件的行为。严禁破坏、污染、圈占闲置耕地和损毁农田基础设施。坚决查处通过"以租代征"违法违规进行非农建设的行为，坚决禁止擅自将耕地"非农化"。利用规划和标准引导设施农业发展，强化设施农用地的用途监管。采取措施保证流转土地用于农业生产，可以通过停发粮食直接补贴、良种补贴、农资综合补贴等办法遏制撂荒耕地的行为。在粮食主产区、粮食生产功能区、高产创建项目实施区，不符合产业规划的经营行为不再享受相关农业生产扶持政策。合理引导粮田流转价格，降低粮食生产成本，稳定粮食种植面积。

四、加快培育新型农业经营主体

（十一）发挥家庭经营的基础作用。在今后相当长时期内，普通农户仍占大多数，要继续重视和扶持其发展农业生产。重点培育以家庭成员为主要劳动力、以农业为主要收入来源，从事专业化、集约化农业生产的家庭农场，使之成为引领适度规模经营、发展现代农业的有生力量。分级建立示范家庭农场名录，健全管理服务制度，加强示范引导。鼓励各地整合涉农资金建设连片高标准农田，并优先流向家庭农场、专业大户等规模经营农户。

（十二）探索新的集体经营方式。集体经济组织要积极为承包农户开展多种形式的生产服务，通过统一服务降低生产成本、提高生产效率。有条件的地方根据农民意愿，可以统一连片整理耕地，将土地折股量化、确权到户，经营所得收益按股分配，也可以引导农民以承包地入股组建土地股份合作组织，通过自营或委托经营等方式发展农业规模经营。各地要结合实际不断探索和丰富集体经营的实现形式。

（十三）加快发展农户间的合作经营。鼓励承包农户通过共同使用农业机械、开展联合营销等方式发展联户经营。鼓励发展多种形式的农民合作组织，深入推进示范社创建活动，促进农民合作社规范发展。在管理民主、运行规范、带动力强的农民合作社和供销合作社基础上，培育发展农村合作金融。引导发展农民专业合作社联合社，支持农民合作社开展农社对接。允许农民以承包经营权入股发展农业产业化经营。探索建立农户入股土地生产性能评价制度，按照耕地数量质量、参照当地土地经营权流转价格计价折股。

（十四）鼓励发展适合企业化经营的现代种养业。鼓励农业产业化龙头企业等涉农企业重点从事农产品加工流通和农业社会化服务，带动农户和农民合作社发展规模经营。引导工商资本发展良种种苗繁育、高标准设施农业、规模化养殖等适合企业化经营的现代种养业，开发农村"四荒"资源发展多种经营。支持农业企业与农户、农民合作社建立紧密的利益联结机制，实现合理分工、互利共赢。支持经济发达地区通过农业示范园区引导各类经营主体共同出资、相互持股，发展多种形式的农业混合所有制经济。

（十五）加大对新型农业经营主体的扶持力度。鼓励地方扩大对家庭农场、专业大户、农民合作社、龙头企业、农业社会化服务组织的扶持资金规模。支持符合条件的新型农业经营主体优先承担涉农项目，新增农业补贴向新型农业经营主体倾斜。加快建立财政项目资金直接投向符合条件的合作社、财政补助形成的资产转交合作社持有和管护的管理制度。各省（自治区、直辖市）根据实际情况，在年度建设用地指标中可单列一定比例专门用于新型农业经营主体建设配套辅助设施，并按规定减免相关税费。综合运用货币和财税政策工具，引导金融机构建立健全针对新型农业经营主体的信贷、保险支持机制，创新金融产品和服务，加大信贷支持力度，分散规模经营风险。鼓励符合条件的农业产业化龙头企业通过发行短期融资券、中期票据、中小企业集合票据等多种方式，拓宽融资渠道。鼓励融资担保机构为新型农业经营主体提供融资担保服务，鼓励有条件的地方通过设立融资担保专项资金、担保风险补偿基金等加大扶持力度。落实和完善相关税收优惠政策，支持农民合作社发展农产品加工流通。

（十六）加强对工商企业租赁农户承包地的监管和风险防范。各地对工商企业长时间、大面积租赁农户承包地要有明确的上限控制，建立健全资格审查、项目审核、风险保障金制度，对租地条件、经营范围和违规处罚等作出规定。工商企业租赁农户承包地要按面积实行分级备案，严格准入门槛，加强事中事后监管，防止浪费农地资源、损害农民土地权益，防范承包农户因流入方违约或经营不善遭受损失。定期对租赁土地企业的农业经营能力、土地用途和风险防范能力等开展监督检查，查验土地利用、合同履行等情况，及时查处纠正违法违规行为，对符合要求的可给予政策扶持。有关部门要抓紧制定管理办法，并加强对各地落实情况的监督检查。

五、建立健全农业社会化服务体系

（十七）培育多元社会化服务组织。巩固乡镇涉农公共服务机构基础条件建设成果。鼓励农技推广、动植物防疫、农产品质量安全监管等公共服务机构围绕发展农业适度规模经营拓展服务范围。大力培育各类经营性服务组织，积极发展良种种苗繁育、统防统治、测土配方施肥、粪污集中处理等农业生产性服务业，大力发展农产品电子商务等现代流通服务业，支持建设粮食烘干、农机场库棚和仓储物流等配套基础设施。农产品初加工和农业灌溉用电执行农业生产用电价格。鼓励以县为单位开展农业社会化服务示范创建活动。开展政府购买农业公益性服务试点，鼓励向经营性服务组织购买易监管、可量化的公益性服务。研究制定政府购买农业公益性服务的指导性目录，建立健全购买服务的标准合同、规范程序和监督机制。积极推广既不改变农户承包关系，又保证地有人种的托管服务模式，鼓励种粮大户、农机大户和农机合作社开展全程托管或主要生产环节托管，实现统一耕作，规模化生产。

（十八）开展新型职业农民教育培训。制定专门规划和政策，壮大新型职业农民队伍。整合教育培训资源，改善农业职业学校和其他学校涉农专业办学条件，加快发展农业职业教育，大力发展现代农业远程教育。实施新型职业农民培育工程，围绕主导产业开展农业技能和经营能力培养培训，扩大农村实用人才带头人示范培养培训规模，加大对专业大户、家庭农场经营者、农民合作社带头人、农业企业经营管理人员、农业社会化服务人员和返乡农民工的培养培训力度，把青年农民纳入国家实用人才培养计划。努力构建新型职业农民和农村实用人才培养、认定、扶持体系，建立公益性农民培养培训制度，探索建立培育新型职业农民制度。

（十九）发挥供销合作社的优势和作用。扎实推进供销合作社综合改革试点，按照改造自我、服务农民的要求，把供销合作社打造成服务农民生产生活的生力军和综合平台。利用供销合作社农资经营渠道，深化行业合作，推进技物结合，为新型农业经营主体提供服务。推动供销合作社农产品流通企业、农副产品批发市场、网络终端与新型农业经营主体对接，开展农产品生产、加工、流通服务。鼓励基层供销合作社针对农业生产重要环节，与农民签订服务协议，开展合作式、订单式服务，提高服务规模化水平。

土地问题涉及亿万农民切身利益，事关全局。各级党委和政府要充分认识引导农村土地经营权有序流转、发展农业适度规模经营的重要性、复杂性和长期性，切实加强组织领导，严格按照中央政策和国家法律法规办事，及时查处违纪违法行为。坚持从实际出发，加强调查研究，搞好分类指导，充分利用农村改革试验区、现代农业示范区等开展试点试验，认真总结基层和农民群众创造的好经验好做法。加大政策宣传力度，牢固树立政策观念，准确把握政策要求，营造良好的改革发展环境。加强农村经营管理体系建设，明确相应机构承担农村经管工作职责，确保事有人干、责有人负。各有关部门要按照职责分工，抓紧修订完善相关法律法规，建立工作指导和检查监督制度，健全齐抓共管的工作机制，引导农村土地经营权有序流转，促进农业适度规模经营健康。

让土地流转和规模经营健康发展

——农业部部长韩长赋就《关于引导农村土地经营权有序流转发展农业适度规模经营的意见》答记者问

近日，中央审议通过了《关于引导农村土地经营权有序流转发展农业适度规模经营的意见》（以下简称《意见》）。《意见》出台背景如何，主要内容是什么，有哪些政策创新，如何贯彻落实好《意见》，记者就此采访了农业部部长韩长赋。

1. 记者：请介绍一下《意见》出台的背景和过程。

韩长赋：农村土地经营权流转和规模经营是事关农业农村发展的一件大事，也是深化农村改革的一项重要内容。在工业化、城镇化进程中，农村劳动力逐步转移，他们原来经营的土地流转出来，使得农业从业者的土地经营规模不断扩大，先进的农业技术装备得到利用，为建设现代农业创造了必要条件。这是世界农业发展的普遍现象。目前我国正处于这一阶段。近年来，各地从实际出发在这方面积极探索，取得了一定成效，积累了一些经验。但从深层次看，在保护农民承包权益、加强流转管理和服务、扶持新型经营主体发展等方面，还存在一些制约发展的体制机制性因素。为此，广大农民群众和基层干部，迫切希望中央进一步指明改革方向、明确创新路径、健全扶持措施、加强工作指导。

党中央、国务院高度重视农村土地流转和规模经营发展。党的十八大和十八届三中全会提出，要鼓励承包经营权在公开市场上流转，发展多种形式适度规模经营，培育新型农业生产经营主体，构建集约化、专业化、组织化、社会化相结合的新型农业经营体系。习近平总书记对此多次作出重要批示，李克强总理也提出明确要求。为贯彻好中央精神，有关部门在开展土地经营权流转规范化管理和服务试点的基础上，深入基层调研、总结地方经验，充分听取基层干部和农民群众的意见。可以说，《意见》体现了中央的意图，凝聚了群众的智慧，是今后一段时期指导农村土地制度和农业经营制度改革的重要政策性文件。

2. 记者：《意见》的主要政策取向是什么？

韩长赋：这些年来，中央先后制定了一系列关于农村土地流转和规模经营发展的政策法律，如2001年中共中央下发的《关于做好农户承包地使用权流转工作的通知》、2003年颁布实施的《农村土地承包法》，对土地怎样流转作出了明确规定。现在出台的这个《意见》，是适应新形势和实践发展要求制定的，延续了中央一贯的政策基调，遵循了《农村土地承包法》的立法精神，并吸收了近年来广大农民群众的实践创造。

《意见》的着眼点主要有三个方面：一是推进现代农业发展。在坚持土地集体所有的前提下，实现所有权、承包权、经营权三权分置，形成土地经营权流转的格局，大力培育和扶持多元化新型农业经营主体，发展农业适度规模经营，走出一条有中国特色的农业现代化道路。二是维护农民合法权益。建立健全土地承包经营权登记制度，保护好农户的土地承包权益。坚持依法自愿有偿，尊重农民的流转主体地位，让农民成为土地流转和规模经营的积极参与者和真正受益者。三是坚持一切从国情和农村实际出发。土地流转和规模经营发展是客观趋势，但必须看到这是一个渐进的历史过程，不能脱离实际、脱离国情，片面追求流转速度和超大规模，否则的话，欲速则不达。既看到发展方向的必然性，加大政策扶持力度，加强典型示范引导，鼓励创新农业经营体制机制；又看到推进过程的长期性，因地制宜、循序渐进，使农业适度规模经营发展与城镇化进程和农村劳动力转移规模相适应，与农业科技进步和生产手段改进程度相适应，与农业社会化服务水平提高相适应，避免走弯路。

3. 记者：如何准确理解农村集体土地所有权、承包权、经营权"三权分置"？

韩长赋：大家知道，我国农村土地归集体所有，这是《宪法》明确的，但是在不同时期有不同的经营形式。人民公社时期搞集体经营，效果不好。十一届三中全会后，我们实行农户承包经营，实际上是把土地集体所有权与农户承包经营权"两权分置"，效果是好的。当前，在工业化、城镇化快速发展背景下，大量人口和劳动力离开农村，原来家家户户都种地的农民出现了分化，承包农户不经营自己承包地的情况越来越多，在大多数地区，承包权与经营权分置的条件已经基本成熟。实现土地集体所有权、承包权、经营权三权分置，这是引导土地有序流转的重要基础。习总书记在中央农村工作会议上指出，把农民土地承包经营权分为承包权和经营权，实现承包权和经营权分置并行，这是我国农村改革的又一次重大创新。

《意见》明确提出，坚持农村土地集体所有，所有权、承包权、经营权三权分置，引导土地经营权有序流转。首先要维护好农村土地集体所有权。《意见》强调，一方面要探索新的集体经营方式；另一方面，要行使好农村集体在土地流转和承包经营上的管理监督权，发挥好集体为农民流转土地提供服务的组织功能作用。其次，要保障好土地承包权。《意见》指出，要抓紧抓实承包地确权登记颁证工作，妥善解决农户承包地块面积不准、四至不清等问题；要完善承包合同，健全登记簿，颁发权属证书，强化土地承包经营权物权保护。同时，要放活经营权。《意见》强调，要鼓励创新土地流转形式，发展多种形式的适度规模经营；加强土地流转服务体系建设，为流转双方提供服务，保护流转双方的权益。总之，三权分置是深化农村土地制度改革的实践探索，体现了中国特色农村土地制度改革的理论创新。

4. 记者：近年来社会上对未来"谁来种地"问题十分关注，请问《意见》提出了哪些应对措施？

韩长赋："谁来种地"是城镇化快速发展中必然面临的问题，对此要辩证地看待。一方面，这说明我们的二三产业发展了，农村劳动力有了更好的就业机会，他们可以离开土地从事其他产业，并获得高于农业的收入；另一方面，又说明我们的土地经营规模太小，对青壮年劳动力没有吸引力，农业后继乏人需要高度关注。据统计，2013年全国农民工数量近2.7亿人，约占农村劳动力总数的45%，其中外出6个月以上的农民工达到1.7亿人，占农村劳动力总数的1/3。原来家家户户种地的农民出现了分化，越来越多的农户把农业当副业，有的不再精耕细作，有的甚至出现撂荒现象，未来"谁来种地"问题日益突出。解决这个问题，关键是提升农业的经营规模，让农业经营有好的效益，让农民成为体面的职业，培养多种新型农业经营主体。

中央对解决"谁来种地"问题十分关注。去年习近平总书记在山东考察时指出，要以解决好地怎么种为导向，加快构建新型农业经营体系。为此，《意见》提出了三个方面的措施：一是建立新型职业农民制度，培育新的种地人。包括实施新型职业农民培育工程，积极培养专业大户、家庭农场经营者、农民合作社带头人、农业企业经营管理人员、农业社会化服务人员和返乡农民工等新型职业农民，努力构建新型职业农民和农村实用人才培养、认定、扶持体系。二是引导土地资源流向新型农业生产经营主体，使愿意种地的人能获得更多的土地经营权。鼓励各地整合涉农资金建设连片高标准农田，并优先流向家庭农场等规模经营农户；有条件的地方可将土地经营权入股组建合作组织，通过自营或委托经营等方式发展农业规模经营；允许农民以承包经营权入股发展农业产业化经营；工商企业可以适度租赁土地发展良种种苗繁育、高标准设施农业、规模化养殖、开发农村"四荒"资源等现代种养业。三是加大扶持完善服务，为新型农业经营主体发展提供更好的外部环境。

《意见》主要从财政、金融、用地、税收等方面提出了一系列有针对性的扶持政策。如支持符合条件的新型农业经营主体优先承担涉农项目，新增农业补贴向新型农业经营主体倾斜，引导金融机构建立健全针对新型农业经营主体的信贷、保险支持机制，要求各地在年度建设用地指标中单列一定比例专门用于新型农业经营主体建设配套辅助设施等。

应当指出的是，在发展新型农业经营主体的同时，不能忽视普通农户的作用，这是我国的基本国情、农情决定的。各类新型经营主体在农业的不同领域、不同环节各有优势，要多元化、融合式地发展。

5. 记者：为什么要健全土地承包经营权登记制度？《意见》对做好农村土地承包经营权确权登记颁证工作提出了哪些要求？

韩长赋：党的十八届三中全会明确提出，要保护好农民"三块地"（农户的承包地、农民的宅基地和集体建设用地）的合法权益。其中的承包地，既是农户最重要的生产资料，也是新型经营主体发展规模经营的基本要素。加强对承包地的保护，是促进土地流转起来，形成规模经营的重要前提。过去，对农户承包地主要是按照合同进行管理，存在面积不准、四至不清、空间位置不明、登记簿不健全等问题。这使得许多农民心里不够踏实，总担心土地流出后自己的权益无法保障。建立农村土地承包经营权登记制度，一是针对现实矛盾，解决好承包地块面积不准、四至不清、空间位置不明等问题；二是按照《物权法》要求，完善合同、健全登记簿、颁发权属证书，确认农户对承包地的占有、使用、收益等各项权利。这是稳定农村土地承包关系的重要基础，是开展土地经营权流转的重要前提，也是调处承包纠纷、开展抵押担保、落实征地补偿的重要依据。

健全登记制度，强化对农户承包地权益的保护，当前最重要的抓手就是开展农村土地承包经营权确权登记颁证工作。2013年中央1号文件明确要求"用五年时间基本完成农村土地承包经营权确权登记颁证工作"。习近平总书记指示，要把这项工作抓紧抓实，真正让农民吃上

"定心丸"。按照中央要求，农业部会同中央农办、财政部、国土资源部、国务院法制办、国家档案局自 2011 年开始试点，目前已在全国 1611 个县（市、区）、15.3 万个村开展，为下一步全面推开积累了丰富经验。为指导各地做好土地承包经营权确权登记颁证工作，《意见》明确提出四个方面的要求：一是按照保持稳定、依法规范、民主协商、因地制宜、分级负责的原则稳步推进；二是原则上要确权到户到地，在尊重农民意愿前提下，也可以确权确股不确地；三是强化县乡两级责任，建立党委政府统一领导、部门密切协作、群众广泛参与的工作机制；四是加强工作保障，经费纳入地方财政预算，中央财政给予补贴。

6. 记者：当前，农村土地经营权流转情况如何，为引导有序流转《意见》提出了哪些具体措施？

韩长赋：近年来，农村土地流转呈加快之势。截至 2014 年 6 月底，全国家庭承包经营耕地流转面积 3.8 亿亩，占家庭承包耕地总面积的 28.8%，比 2008 年底提高 20 个百分点。随着规模的扩大，土地流转也呈现出主体多元、形式多样的发展态势。流入方仍以农户为主，但向合作社、龙头企业等新型农业经营主体流转的比重逐步上升；农村集体经济组织成员之间的转包仍是最主要的流转形式，但出租、股份合作等流转形式比重上升较快。从总体上看，我国农村土地流转总体上平稳健康，但也存在一些需要重视和解决的问题。如有的地方强行推动土地流转，片面追求流转规模、比例，侵害了农民合法权益；有的地方土地流转市场不健全，服务水平有待提高；有的工商企业长时间、大面积租赁农户承包地，"非粮化"、"非农化"问题比较突出。这些问题如果不解决好，就会影响到农村土地的有序流转和农业适度规模经营的健康发展。

针对上述问题，在总结基层实践经验的基础上，《意见》提出了四个方面的具体措施：一是坚守土地流转的底线。要坚持农村土地集体所有，坚持依法自愿有偿，保护农民承包权益，不能搞大跃进，不能搞强迫命令，不能搞行政瞎指挥。要确保流转土地用于农业生产，重点支持粮食规模化生产。二是鼓励创新土地流转形式。鼓励农民以多种形式长期流转承包地，鼓励通过互换解决承包地细碎化问题，稳步推进土地经营权抵押、担保试点，允许农民以承包经营权入股发展农业产业化经营等。三是严格规范土地流转行为。尊重农民在流转中的主体地位，村级组织只能在农户书面委托的前提下才能组织统一流转，禁止以少数服从多数的名义将整村整组农户承包地集中对外招商经营。四是加强土地流转服务体系建设。完善县乡村三级服务网络，为流转双方提供信息发布、政策咨询等服务，研究制定流转市场运行规范，引导土地流转双方签订书面流转合同，保护流转双方的权益。

7. 记者：近年来，工商企业进入农业引起社会广泛关注，对如何引导好并防止"非粮化"、"非农化"等问题，《意见》有何规定？

韩长赋：我国农村缺资金、缺人才，缺先进的管理，为发展现代农业，工商企业进入农业是必要的。近年来，一些工商企业在从事农业产前农资供应、产后农产品加工销售等同时，还直接租赁农户承包地从事农业生产环节。到 2014 年 6 月底，流入企业的承包地面积已达到 3864.7 万亩，呈逐年上升趋势。从实践情况看，工商企业直接租地经营，有利有弊，好处是可以带来优良的品种、先进的技术和经营模式，不好的是挤占农民就业空间，容易加剧"非粮化"、"非农化"倾向。对此，中央态度十分明确，就是要加大粮食生产扶持力度，鼓励和支持流转土地用于粮食生产，遏制"非粮化"，严禁"非农化"。决不允许借土地流转之名搞非农建设。

为鼓励流转土地用于粮食生产，《意见》提出，一是通过新增补贴向粮食生产规模经营主体倾斜、优先安排农机具购置补贴、开展生产者补贴试点、目标价格保险试点、营销贷款试点、逐步实现粮食生产规模经营主体"愿保尽保"等措施，重点扶持粮食规模化生产；二是通过粮食主产区、粮食生产功能区、高产创建项目实施区的产业规划和相关农业生产扶持政策引导经营主体生产粮食；三是通过合理引导土地流转价格，以降低粮食生产成本，稳定粮食种植面积。可以采取停发粮食直接补贴、良种补贴、农资综合补贴等措施，遏制撂荒耕地。

为防止工商企业下乡引发"非农化"，《意见》明确：一是鼓励工商资本发展良种种苗繁育、高标准设施农业、规模化养殖和开发农村"四荒"资源等适合企业化经营的现代农业。二是对工商企业租赁农户承包地加强监管和风险防范。包括要求各地对工商企业长时间、大面积租赁农户承包地有明确的上限控制；建立健全资格审查、项目审核和风险保障金三项制度，严格准入门槛，加强事后监管；定期对租赁土地企业的农业经营能力、流转承包地用途等情况进行监督检查，及时查处纠正违法违规行为等。

8. 记者：规模经营为什么要强调适度，实践中如何把握这个度？

韩长赋：现代农业的基本特征是农业生产的专业化、标准化、规模化、集约化。一定规模的土地集聚有利于发展现代农业。但是，任何一种土地经营方式，都存在劳动生产率与土地产出率如何均衡的问题。如果土地规模太小，可能土地产出率高一点，劳动生产率低一点，制约了农民增收；如果土地规模过大，可能劳动生产率高一点，土地产出率低一点，又不利于农业增产。而且中国国情是人多地少，又有个公平和效率的关系问题，不可能农业人口还没有转移出去而土地"归大堆"。因此，土地经营规模不是越大越好，应当有一个适宜的范围。对此，习近平总书记在中央农村工作会议上指出："要把握好土地经营权流转、集中、规模经营的度，要与城镇化进程和农村劳动力转移规模相适应，与农业科技进步和生产手段改进程度相适应，与农业社会化服务水平提高相适应，不能片面追求快和大，不能单纯为了追求土地经营规模强制农民流转土地，更不能人为垒大户。"

实践中，许多同志希望在全国有一个规模经营的适度标准。但到底多少算"适度"，需要根据区域特征、土地条件、作物品种、生产力水平等多种因素而确定，一定是有差异的，而且是动态的。很难在全国范围内制定一个统一的面积标准，还是由地方根据本地情况来决定为好。因此，《意见》只提出对"两个相当于"要重点扶持，即土地经营规模的务农收入相当于当地二三产业务工收入的，土地经营规模相当于当地户均承包土地面积 10～15 倍的，应当给予重点扶持。这主要考虑到我国农户平均承包土地面积不足 8 亩，10～15 倍大约在 100 亩，按农户家庭 2 个劳动力种粮计算，现阶段劳均收入可相当于出外打工。实际是种半年地等于打一年工。当然，由于各地二三产业发展水平不一，农村劳动力转移有快有慢，可以根据实际情况确定具体的标准。如上海松江区确定粮食家庭农场的平均耕种面积为 100～150 亩，江苏省测算粮食生产最优规模在 80～170 亩之间都是合理的，实践看，效果是好的。同时要看到，规模经营也有多种方式，实践中，既有土地资源聚积的，也有通过社会化服务特别是土地托管服务形成的，而这一点在我国有广泛的适应性。

9. 记者：农业社会化服务体系是农业适度规模经营发展的有力支撑，《意见》提出了哪些新的措施？

韩长赋：我国耕地资源稀缺，土地经营规模不可能太大。我国有 2 亿多农户，小规模经营农户仍将长期大量存在。国际经验表明，中小规模的农业经营者更需要依托社会化服务组织，才能确保足够的市场竞争力。健全的农业社会化服务体系可以将农业经营主体从部分生产经营环节中解放出来，专注于发挥自身优势，是农业适度规模经营发展的有力支撑。中国特色现代农业发展道路的特点之一，可能就是"家庭经营 + 合作联合 + 社会化服务 + 政府支持"。我国农村土地实行家庭承包经营制度以来，农业社会化服务体系不断发展壮大，但仍然无法满足广大承包农户以及规模化新型农业经营主体的发展需求。

为提高农业社会化服务水平，《意见》提出了培育多元社会化服务组织的要求，拓展农技推广、动植物防疫、农产品质量安全监管等公共服务机构的服务范围，开展政府购买农业公益性服务试点；支持经营性服务组织发展农业生产性服务，积极推广土地托管服务模式。同时，《意见》提出要发挥供销合作社的优势和作用，扎实推进供销社综合改革试点，推动供销社与新型农业经营主体对接，鼓励基层供销社针对农业生产重要环节提升规模化服务水平。

10. 记者：深化改革的难点是如何将中央的决策落到实处，《意见》对此提出了哪些工作要求？

韩长赋：为确保改革措施落实到位，让群众满意，《意见》提出了五项要求。一是强化领导责任。各级党委政府要把抓改革举措落地作为重要政治责任，充分认识引导农村土地经营权有序流转、发展农业适度规模经营的重要性和复杂性，切实加强组织领导，严格按照中央政策和国家法律法规办事。二是做好调查研究。要开展全面深入的调查研究，做好分类指导，利用好农村改革实验区、现代农业示范区等开展试点试验，总结基层和农民群众创造的好经验、好做法。三是加强政策宣传。要加大政策的宣传力度，准确把握中央政策要求，营造良好的改革发展环境，促进全社会广泛了解和积极参与改革。四是健全工作体系。加强农村经营管理体系建设，明确相应机构承担农村经管工作，确保事有人干、责有人负。五是抓好监督检查。各有关部门要加强工作指导和检查监督，及时查处违法违纪行为，抓紧修订完善相关法律法规。

（资料来源：农业部新闻办公室，2014 – 10 – 17。）

中国农村金融论坛
CHINA RURAL FINANCE FORUM

附件三

集体资产股权权能改革动向

中央全面深化改革领导小组第五次会议审议土地经营权流转和赋予农民集体资产股份权能方案

中共中央总书记、国家主席、中央军委主席、中央全面深化改革领导小组组长习近平 9 月 29 日下午主持召开中央全面深化改革领导小组第五次会议，会议审议了《关于引导农村土地承包经营权有序流转发展农业适度规模经营的意见》、《积极发展农民股份合作赋予集体资产股份权能改革试点方案》、《关于深化中央财政科技计划（专项、基金等）管理改革的方案》，建议根据会议讨论情况进一步修改完善后按程序报批实施。

习近平在讲话中指出，现阶段深化农村土地制度改革，要更多考虑推进中国农业现代化问题，既要解决好农业问题，也要解决好农民问题，走出一条中国特色农业现代化道路。我们要在坚持农村土地集体所有的前提下，促使承包权和经营权分离，形成所有权、承包权、经营权三权分置、经营权流转的格局。发展农业规模经营要与城镇化进程和农村劳动力转移规模相适应，与农业科技进步和生产手段改进程度相适应，与农业社会化服务水平提高相适应。要加强引导，不损害农民权益，不改变土地用途，不破坏农业综合生产能力。要尊重农民意愿，坚持依法自愿有偿流转土地经营权，不能搞强迫命令，不能搞行政瞎指挥。要坚持规模适度，重点支持发展粮食规模化生产。要让农民成为土地适度规模经营的积极参与者和真正受益者。要根据各地基础和条件发展，确定合理的耕地经营规模加以引导，不能片面追求快和大，更不能忽视了经营自家承包耕地的普通农户仍占大多数的基本农情。对工商企业租赁农户承包地，要有严格的门槛，建立资格审查、项目审核、风险保障金制度，对准入和监管制度作出明确规定。

习近平强调，积极发展农民股份合作、赋予集体资产股份权能改革试点的目标方向，是要探索赋予农民更多财产权利，明晰产权归属，完善各项权能，激活农村各类生产要素潜能，建立符合市场经济要求的农村集体经济运营新机制。搞好这项改革，一项重要基础工作是保障农民集体经济组织成员权利。要探索集体所有制有效实现形式，发展壮大集体经济。试点过程中，要防止侵吞农民利益，试点各项工作应严格限制在集体经济组织内部。我国农村情况千差万别，集体经济发展很不平衡，要搞好制度设计，有针对性地布局试点。

（资料来源：新华社　北京 2014 年 9 月 29 日电。）

陈晓华：2017 年完成农村集体产权改革试点

党的十八届三中全会提出了"保障农民集体经济组织成员权利，积极发展农民股份合作，赋予农民对集体资产股份占有、收益、有偿退出及抵押、担保、继承权"的改革任务，这是一项牵一发而动全身的改革，需要试点先行。日前，中央审议通过了有关改革试点方案。为什么要开展这一改革试点，改革试点的目标原则是什么，有哪些主要内容，记者就此采访了农业部副部长陈晓华。

陈晓华说，进行积极发展农民股份合作、赋予农民对集体资产股份权能改革，是党的十八届三中全会《决定》提出的明确任务，是农村集体经济的重大制度创新，对于维护农民的合法利益，巩固完善农村基本经营制度，具有深远的影响。目前，我国农村集体资产总量不断增加，已成为农村发展和农民共同富裕的重要物质基础。一方面要看到，在工业化、城镇化加快推进中，农村经济结构、社会结构正在发生深刻变化，农村集体资产产权归属不清晰、权责不明确、保护不严格等问题日益突出，侵蚀了农村集体所有制的基础，影响了农村社会的稳定，改革农村集体产权制度势在必行。另一方面要看到，这项改革十分复杂，涉及亿万农民的切身利益，涉及诸多法律政策的修改完善。加之，我国农村情况千差万别，需要进行试点，通过试点探索路子和办法。

试点方案提出了改革试点的目标原则：要通过改革赋予农民更多财产权利，明晰产权、完善权能，积极探索集体所有制的有效实现形式，不断壮大集体经济实力，不断增加农民的财产性收入；在坚持家庭承包责任制的基础上，在保护农民合法权益、尊重农民意愿的前提下，发展多种形式的股份合作，探索建立有中国特色社会主义的农村集体产权制度。陈晓华强调，在改革试点中，要坚持正确的改革方向，既要发挥集体的优越性，又要调动农民的积极性，激活农村各类生产要素潜能，探索发展壮大股份合作经济的途径；要坚持推进体制机制创新，守住防止集体资产被侵蚀和农民利益受损害的底线，建立符合市场经济要求的农村集体经济运营新机制；要坚持尊重农民群众意愿，确保农民群众成为改革的参与者和受益者；要坚持重点突出和风险可控，确保试点工作顺利实施。

针对大家比较关注的改革试点的主要内容，陈晓华做了重点介绍。

一是保障农民集体经济组织成员权利。这是改革试点的重要基础。重点是探索界定农村集体经济组织成员身份的具体办法；建立健全集体经济组织成员登记备案机制；依法保障集体经济组织成员享有的土地承包经营权、宅基地使用权、集体收益分配权，落实好农民对集体经济活动的民主管理权利。

二是积极发展农民股份合作。这是改革试点的重要目的。要按照"归属清晰、权责明确、保护严格、流转顺畅"的现代产权制度要求，从实际出发，进行农村集体产权股份合作制改革。对于土地等资源性资产，重点是抓紧抓实土地承包经营权确权登记颁证工作，稳定农村土地承包关系，在充分尊重承包农户意愿的前提下，探索发展土地股份合作等多种形式。对于经营性资产，重点是明晰集体产权归属，将资产折股量化到集体经济组织成员，探索发展农民股份合作。对于非经营性资产，重点是探索集体统一运营管理的有效机制，更好地为集体经济组织成员及社区居民提供公益性服务。鼓励在试点中从实际出发，探索发展股份合作的不同形式和途径。

三是赋予农民对集体资产股份占有、收益、有偿退出及抵押、担保、继承权。这是改革试点的核心任务。要根据不同权能分类实施：要积极开展赋予农民对集体资产股份占有权、收益权试点，建立健全农村集体资产股权台账管理制度和收益分配制度。有条件地开展赋予农民对集体资产股份有偿退出权、继承权试点，尊重集体成员意愿，明确条件、程序。慎重开展赋予农民对集体资产股份抵押权、担保权试点，试点要在制定相关管理办法的基础上开展。

据了解，改革试点将兼顾东中西不同区域，选择若干有条件的县（市）为单位开展，试点工作在 2017 年底完成。

（资料来源：中国农业信息网，2014 - 10 - 20。）

中国农村金融论坛
CHINA RURAL FINANCE FORUM

附件四

征地制度、集体土地入市制度和宅基地制度改革动向

中央全面深化改革领导小组第七次会议
审议农村土地征收、集体经营性建设用地入市、
宅基地制度改革试点工作意见

中共中央总书记、国家主席、中央军委主席、中央全面深化改革领导小组组长习近平12月2日上午主持召开中央全面深化改革领导小组第七次会议，会议审议了《关于农村土地征收、集体经营性建设用地入市、宅基地制度改革试点工作的意见》等，建议根据会议讨论情况进一步修改完善后按程序报批实施。

会议指出，土地制度是国家的基础性制度。党的十八届三中全会明确了农村土地制度改革的方向和任务，这3项改革涉及农村集体经济组织制度、村民自治制度等一系列重要制度，关乎城镇化、农业现代化进程。要始终把维护好、实现好、发展好农民权益作为出发点和落脚点，坚持土地公有制性质不改变、耕地红线不突破、农民利益不受损三条底线，在试点基础上有序推进。土地征收、集体经营性建设用地入市、宅基地制度改革关系密切，可以作统一部署和要求，但试点工作中要分类实施。严守18亿亩耕地红线是推进农村土地制度改革的底线、是试点的大前提，决不能逾越。对宅基地制度改革的试点条件和范围要严格把关，不能侵犯农民利益，同时不得以退出宅基地使用权作为进城落户的条件，这是关系社会安定的重要举措。中央有关部门和地方要加强指导监督，严格把握试点条件。

（资料来源：新华社 北京2014年12月2日电。）

守住底线、试点先行、平稳推进

——国土资源部负责人谈农村土地制度改革试点

党的十八届三中全会《决定》提出，在符合规划和用途管制前提下，允许农村集体经营性建设用地出让、租赁、入股，实行与国有土地同等入市、同权同价；缩小征地范围，规范征地程序，完善对被征地农民合理、规范、多元保障机制；保障农户宅基地用益物权，改革完善农村宅基地制度。这些要求明确了农村土地制度改革的方向和任务。农村土地制度改革事关重大，必须试点先行。

日前，中央印发了有关改革试点工作意见，为什么要开展农村土地制度改革试点，改革试点的指导思想、目标原则是什么，有哪些主要任务和基本要求，记者就此采访了国土资源部部长、国家土地总督察姜大明。

改革完善农村土地制度　推进农业现代化和新型城镇化

记者：为什么要开展改革试点？

姜大明：开展农村土地征收、集体经营性建设用地入市、宅基地制度改革，是党的十八届三中全会《决定》提出的明确任务。土地制度是国家的基础性制度，在实践基础上形成的中国特色土地制度为我国经济社会发展作出了历史性贡献。随着实践发展和改革深入，现行农村土地制度与社会主义市场经济体制不相适应的问题日益显现，必须通过深化改革来破解。改革完善农村土地制度，有利于健全城乡发展一体化体制机制，有利于建立城乡统一的建设用地市场，有利于推进中国特色农业现代化和新型城镇化。

近年来，按照党中央、国务院的要求，我部开展了以土地征收、农村集体经营性建设用地流转和宅基地制度为主要内容的改革试点，各地也结合实际进行了积极探索，为改革完善农村土地制度积累了经验。农村土地制度改革牵一发而动全身，涉及重要法律修改，涉及重大利益调整，涉及农村集体经济组织制度、村民自治制度等重要制度的完善，必须根据中央统一部署，按照守住底线、试点先行的原则平稳推进。

以建立城乡统一的建设用地市场为方向

记者：改革试点的指导思想是什么？

姜大明：要认真贯彻落实党的十八大和十八届三中、四中全会精神，立足我国基本国情和发展阶段，坚持问题导向和底线思维，使市场在资源配置中起决定性作用和更好发挥政府作用，兼顾效率与公平，围绕健全城乡发展一体化体制机制目标，以建立城乡统一的建设用地市场为方向，以夯实农村集体土地权能为基础，以建立兼顾国家、集体、个人的土地增值收益分配机制为关键，以维护农民土地权益、保障农民公平分享土地增值收益为目的，发挥法律引领和推动作用，着力政策和制度创新，为改革完善农村土地制度，推进中国特色农业现代化和新型城镇化提供实践经验。

要通过改革试点，探索健全程序规范、补偿合理、保障多元的土地征收制度，同权同价、流转顺畅、收益共享的农村集体经营性建设用地入市制度，依法公平取得、节约集约使用、自愿有偿退出的宅基地制度。探索形成可复制、可推广的改革成果，为科学立法、修改完善相关法律法规提供支撑。

关于改革试点的基本原则，一是把握正确方向，紧扣十八届三中全会提出的农村土地制度改革任务；二是坚守改革底线，坚持试点先行，确保土地公有制性质不改变、耕地红线不突破、农民利益不受损；三是维护农民权益，始终把维护好、实现好、发展好农民土地权益作为改革的出发点和落脚点；四是坚持循序渐进，既要有条件、按程序、分步骤审慎稳妥推进，又要鼓励试点地区结合实际，大胆探索；五是注重改革协调，形成改革合力。

建立兼顾国家、集体、个人的土地增值收益分配机制

记者： 改革试点的主要任务有哪些?

姜大明： 一是完善土地征收制度。针对征地范围过大、程序不够规范、被征地农民保障机制不完善等问题，要缩小土地征收范围，探索制定土地征收目录，严格界定公共利益用地范围；规范土地征收程序，建立社会稳定风险评估制度，健全矛盾纠纷调处机制，全面公开土地征收信息；完善对被征地农民合理、规范、多元保障机制。

二是建立农村集体经营性建设用地入市制度。针对农村集体经营性建设用地权能不完整，不能同等入市、同权同价和交易规则亟待健全等问题，要完善农村集体经营性建设用地产权制度，赋予农村集体经营性建设用地出让、租赁、入股权能；明确农村集体经营性建设用地入市范围和途径；建立健全市场交易规则和服务监管制度。

三是改革完善农村宅基地制度。针对农户宅基地取得困难、利用粗放、退出不畅等问题，要完善宅基地权益保障和取得方式，探索农民住房保障在不同区域户有所居的多种实现形式；对因历史原因形成超标准占用宅基地和一户多宅等情况，探索实行有偿使用；探索进城落户农民在本集体经济组织内部自愿有偿退出或转让宅基地；改革宅基地审批制度，发挥村民自治组织的民主管理作用。

四是建立兼顾国家、集体、个人的土地增值收益分配机制，合理提高个人收益。针对土地增值收益分配机制不健全，兼顾国家、集体、个

人之间利益不够等问题，要建立健全土地增值收益在国家与集体之间、集体经济组织内部的分配办法和相关制度安排。

记者：对试点选择的范围、时间有什么要求？

姜大明：改革试点的要求，一是坚持小范围试点。统筹东部、中部、西部和东北地区，兼顾不同发展阶段和模式，主要在新型城镇化综合试点和农村改革试验区中安排，选择若干有基础、有条件的县或县级市开展。二是坚持依法改革。试点涉及突破相关法律条款，需要由国务院提请全国人大常委会授权，允许试点地区在试点期间暂停执行相关法律条款。三是坚持封闭运行。试点严格限制在经法律授权的县（市）开展，非试点地区不要盲目攀比，擅自行动，确保试点封闭运行，风险可控。

试点工作在 2017 年底完成。

（资料来源：新华网，2015－01－10，记者：王立彬。）

集体经营性建设用地试点入市

全国人大常委会 25 日审议相关决定草案，拟授权国务院在北京市大兴区等 33 个试点县（市、区）行政区域，暂时调整实施《土地管理法》、《城市房地产管理法》关于农村土地征收、集体经营性建设用地入市、宅基地管理制度的有关规定。

受国务院委托，国土资源部部长姜大明 25 日向十二届全国人大常委会第十三次会议作《关于授权国务院在北京市大兴区等 33 个试点县（市、区）行政区域暂时调整实施有关法律规定的决定（草案）》说明。

为落实党的十八届三中全会决定关于农村土地征收、集体经营性建设用地入市和宅基地制度改革的要求，2014 年 12 月 31 日中共中央办公厅、国务院办公厅印发《关于农村土地征收、集体经营性建设用地入市、宅基地制度改革试点工作的意见》，决定在全国选取 30 个左右县（市）行政区域进行试点。

"试点涉及突破《土地管理法》、《城市房地产管理法》中的相关法律条款，需要提请全国人大常委会授权国务院在试点期间暂停执行相关法律条款。"姜大明说。

草案规定，由全国人大常委会授权国务院在北京市大兴区等 33 个试点县（市、区）行政区域，暂时调整实施《土地管理法》、《城市房地产管理法》关于农村土地征收、集体经营性建设用地入市、宅基地管理制度的有关规定。上述调整在 2017 年 12 月 31 日前试行，对实践证明可行的，修改完善有关法律；对实践证明不宜调整的，恢复施行有关法律规定。

根据草案，暂时调整实施的具体内容包括：

——暂时停止实施《土地管理法》第四十三条和第六十三条、《城市房地产管理法》第九条关于集体建设用地使用权不得出让等的规定，明确在符合规划、用途管制和依法取得的前提下，允许存量农村集体经营性建设用地使用权出让、租赁、入股，实行与国有建设用地使用权同等入市、同权同价。

——暂时调整实施《土地管理法》第四十四条、第六十二条关于宅基地审批权限的规定，明确使用存量建设用地的，下放至乡（镇）人民政府审批，使用新增建设用地的，下放至县级人民政府审批。

——暂时调整实施《土地管理法》第四十七条关于征收集体土地补偿的规定，明确综合考虑土地用途和区位、经济发展水平、人均收入等情况，合理确定土地征收补偿标准，安排被征地农民住房、社会保障。加大就业培训力度，符合条件的被征地农民全部纳入养老、医疗等城镇社会保障体系。有条件的地方可采取留地、留物业等多种方式，由农村集体经济组织经营。

在介绍改革试点的保障措施时，姜大明强调，暂时调整实施有关法律规定，推进改革试点，将坚持"封闭运行、风险可控"的原则，坚守确保土地公有制性质不改变，耕地红线不突破、农民利益不受损的底线，坚持从实际出发、因地制宜。国土资源部等有关部门将加强对试点工作的整体指导和统筹协调、监督管理，按程序、分步骤审慎稳妥推进，确保试点工作顺利开展。

姜大明还介绍了改革试点的"风险管控"措施。"试点行政区域将合理提高被征地农民分享土地增值收益的比例。国务院有关部门将通过推行征地信息公开、完善征地程序等方式，加强群众对征地过程的监督。"姜大明说。

他指出，试点行政区域只允许集体经营性建设用地入市，非经营性集体建设用地不得入市。入市要符合规划、用途管制和依法取得的条件。入市范围限定在存量用地。同时建立健全市场交易规则、完善规划、投资、金融、税收、审计等相关服务和监管制度。

　　"试点行政区域在现阶段不得以退出宅基地使用权作为进城落户的条件，宅基地退出实行自愿有偿，转让仅限在本集体经济组织内部，防止城里人到农村买地建房，导致逆城市化问题。"姜大明强调。

　　（资料来源：《人民日报》，2015 - 02 - 26，记者：毛磊。）

全国人民代表大会常务委员会
关于授权国务院在北京市大兴区等三十三个
试点县（市、区）行政区域暂时调整
实施有关法律规定的决定

（2015 年 2 月 27 日第十二届全国人民代表大会
常务委员会第十三次会议通过）

为了改革完善农村土地制度，为推进中国特色农业现代化和新型城镇化提供实践经验，第十二届全国人民代表大会常务委员会第十三次会议决定：授权国务院在北京市大兴区等三十三个试点县（市、区）行政区域，暂时调整实施《中华人民共和国土地管理法》、《中华人民共和国城市房地产管理法》关于农村土地征收、集体经营性建设用地入市、宅基地管理制度的有关规定。上述调整在 2017 年 12 月 31 日前试行。暂时调整实施有关法律规定，必须坚守土地公有制性质不改变、耕地红线不突破、农民利益不受损的底线，坚持从实际出发，因地制宜。国务院及其国土资源主管部门要加强对试点工作的整体指导和统筹协调、监督管理，按程序、分步骤审慎稳妥推进，及时总结试点工作经验，并就暂时调整实施有关法律规定的情况向全国人民代表大会常务委员会作出报告。对实践证明可行的，修改完善有关法律；对实践证明不宜调整的，恢复施行有关法律规定。

三十三个试点县（市、区）名单和暂时调整实施有关法律规定目录附后。

本决定自公布之日起施行。

三十三个试点县（市、区）名单

北京市大兴区、天津市蓟县、河北省定州市、山西省泽州县、内蒙古自治区和林格尔县、辽宁省海城市、吉林省长春市九台区、黑龙江省安达市、上海市松江区、江苏省常州市武进区、浙江省义乌市、浙江省德清县、安徽省金寨县、福建省晋江市、江西省余江县、山东省禹城市、河南省长垣县、湖北省宜城市、湖南省浏阳市、广东省佛山市南海区、广西壮族自治区北流市、海南省文昌市、重庆市大足区、四川省郫县、四川省泸县、贵州省湄潭县、云南省大理市、西藏自治区曲水县、陕西省西安市高陵区、甘肃省陇西县、青海省湟源县、宁夏回族自治区平罗县、新疆维吾尔自治区伊宁市。

授权国务院在北京市大兴区等三十三个试点县（市、区）行政区域暂时调整实施有关法律规定目录

序号	法律规定	内容
1	《中华人民共和国土地管理法》第四十三条第一款："任何单位和个人进行建设，需要使用土地的，必须依法申请使用国有土地；但是，兴办乡镇企业和村民建设住宅经依法批准使用本集体经济组织农民集体所有的土地的，或者乡（镇）村公共设施和公益事业建设经依法批准使用农民集体所有的土地的除外。" 《中华人民共和国土地管理法》第六十三条："农民集体所有的土地的使用权不得出让、转让或者出租用于非农业建设；但是，符合土地利用总体规划并依法取得建设用地的企业，因破产、兼并等情形致使土地使用权依法发生转移的除外。" 《中华人民共和国城市房地产管理法》第九条："城市规划区内的集体所有的土地，经依法征收转为国有土地后，该幅国有土地的使用权方可有偿出让。"	暂时调整实施集体建设用地使用权不得出让等的规定。在符合规划、用途管制和依法取得的前提下，允许存量农村集体经营性建设用地使用权出让、租赁、入股，实行与国有建设用地使用权同等入市、同权同价。

附件四 征地制度、集体土地入市制度和宅基地制度改革动向

序号	法律规定	内容
2	《中华人民共和国土地管理法》第四十四条第三款、第四款："在土地利用总体规划确定的城市和村庄、集镇建设用地规模范围内，为实施该规划而将农用地转为建设用地的，按土地利用年度计划分批次由原批准土地利用总体规划的机关批准。在已批准的农用地转用范围内，具体建设项目用地可以由市、县人民政府批准。" "本条第二款、第三款规定以外的建设项目占用土地，涉及农用地转为建设用地的，由省、自治区、直辖市人民政府批准。" 《中华人民共和国土地管理法》第六十二条第三款："农村村民住宅用地，经乡（镇）人民政府审核，由县级人民政府批准；其中，涉及占用农用地的，依照本法第四十四条的规定办理审批手续。"	暂时调整实施宅基地审批权限的规定。使用存量建设用地的，下放至乡（镇）人民政府审批；使用新增建设用地的，下放至县级人民政府审批。
3	《中华人民共和国土地管理法》第四十七条第一款至第四款、第六款："征收土地的，按照被征收土地的原用途给予补偿。" "征收耕地的补偿费用包括土地补偿费、安置补助费以及地上附着物和青苗的补偿费。征收耕地的土地补偿费，为该耕地被征收前三年平均年产值的六至十倍。征收耕地的安置补助费，按照需要安置的农业人口数计算。需要安置的农业人口数，按照被征收的耕地数量除以征地前被征收单位平均每人占有耕地的数量计算。每一个需要安置的农业人口的安置补助费标准，为该耕地被征收前三年平均年产值的四至六倍。但是，每公顷被征收耕地的安置补助费，最高不得超过被征收前三年平均年产值的十五倍。" "征收其他土地的土地补偿费和安置补助费标准，由省、自治区、直辖市参照征收耕地的土地补偿费和安置补助费的标准规定。" "被征收土地上的附着物和青苗的补偿标准，由省、自治区、直辖市规定。" "依照本条第二款的规定支付土地补偿费和安置补助费，尚不能使需要安置的农民保持原有生活水平的，经省、自治区、直辖市人民政府批准，可以增加安置补助费。但是，土地补偿费和安置补助费的总和不得超过土地被征收前三年平均年产值的三十倍。"	暂时调整实施征收集体土地补偿的规定。综合考虑土地用途和区位、经济发展水平、人均收入等情况，合理确定土地征收补偿标准，安排被征地农民住房、社会保障；加大就业培训力度，符合条件的被征地农民全部纳入养老、医疗等城镇社会保障体系；有条件的地方可采取留地、留物业等多种方式，由农村集体经济组织经营。

中国农村金融论坛
CHINA RURAL FINANCE FORUM

附件五

农村产权流转交易市场改革动向

国务院办公厅
关于引导农村产权流转交易市场健康发展的意见

国办发〔2014〕71 号

各省、自治区、直辖市人民政府，国务院各部委、各直属机构：

近年来，随着农村劳动力持续转移和农村改革不断深化，农户承包土地经营权、林权等各类农村产权流转交易需求明显增长，许多地方建立了多种形式的农村产权流转交易市场和服务平台，为农村产权流转交易提供了有效服务。但是，各地农村产权流转交易市场发展不平衡，其设立、运行、监管有待规范。引导农村产权流转交易市场健康发展，事关农村改革发展稳定大局，有利于保障农民和农村集体经济组织的财产权益，有利于提高农村要素资源配置和利用效率，有利于加快推进农业现代化。为此，经国务院同意，现提出以下意见。

一、总体要求

（一）指导思想。以邓小平理论、"三个代表"重要思想、科学发展观为指导，深入贯彻习近平总书记系列重要讲话精神，全面落实党的十八大和十八届三中、四中全会精神，按照党中央、国务院决策部署，以坚持和完善农村基本经营制度为前提，以保障农民和农村集体经济组织的财产权益为根本，以规范流转交易行为和完善服务功能为重点，扎实做好农村产权流转交易市场建设工作。

（二）基本原则。

——坚持公益性为主。必须坚持为农服务宗旨，突出公益性，不以盈利为目的，引导、规范和扶持农村产权流转交易市场发展，充分发挥其服务农村改革发展的重要作用。

——坚持公开公正规范。必须坚持公开透明、自主交易、公平竞争、规范有序，逐步探索形成符合农村实际和农村产权流转交易特点的市场形式、交易规则、服务方式和监管办法。

——坚持因地制宜。是否设立市场、设立什么样的市场、覆盖多大范围等，都要从各地实际出发，统筹规划、合理布局，不能搞强迫命令，不能搞行政瞎指挥。

——坚持稳步推进。充分利用和完善现有农村产权流转交易市场，在有需求、有条件的地方积极探索新的市场形式，稳妥慎重、循序渐进，不急于求成，不片面追求速度和规模。

二、定位和形式

（三）性质。农村产权流转交易市场是为各类农村产权依法流转交易提供服务的平台，包括现有的农村土地承包经营权流转服务中心、农村集体资产管理交易中心、林权管理服务中心和林业产权交易所，以及各地探索建立的其他形式农村产权流转交易市场。现阶段通过市场流转交易的农村产权包括承包到户的和农村集体统一经营管理的资源性资产、经营性资产等，以农户承包土地经营权、集体林地经营权为主，不涉及农村集体土地所有权和依法以家庭承包方式承包的集体土地承包权，具有明显的资产使用权租赁市场的特征。流转交易以服务农户、农民合作社、农村集体经济组织为主，流转交易目的以从事农业生产经营为主，具有显著的农业农村特色。流转交易行为主要发生在县、乡范围内，区域差异较大，具有鲜明的地域特点。

（四）功能。农村产权流转交易市场既要发挥信息传递、价格发现、交易中介的基本功能，又要注意发挥贴近"三农"，为农户、农民合作社、农村集体经济组织等主体流转交易产权提供便利和制度保障的特殊功能。适应交易主体、目的和方式多样化的需求，不断拓展服务功能，逐步发展成集信息发布、产权交易、法律咨询、资产评估、抵押融资等为一体的为农服务综合平台。

（五）设立。农村产权流转交易市场是政府主导、服务"三农"的非营利性机构，可以是事业法人，也可以是企业法人。设立农村产权流转交易市场，要经过科学论证，由当地政府审批。当地政府要成立由相关部门组成的农村产权流转交易监督管理委员会，承担组织协调、政策制定等方面职责，负责对市场运行进行指导和监管。

（六）构成。县、乡农村土地承包经营权和林权等流转服务平台，是现阶段农村产权流转交易市场的主要形式和重要组成部分。利用好现有的各类农村产权流转服务平台，充分发挥其植根农村、贴近农户、熟悉农情的优势，做好县、乡范围内的农村产权流转交易服务工作。现阶段市场建设应以县域为主。确有需要的地方，可以设立覆盖地（市）乃至省（区、市）地域范围的市场，承担更大范围的信息整合发布和大额流转交易。各地要加强统筹协调，理顺县、乡农村产权流转服务平台与更高层级农村产权流转交易市场的关系，可以采取多种形式合作共建，也可以实行一体化运营，推动实现资源共享、优势互补、协同发展。

（七）形式。鼓励各地探索符合农村产权流转交易实际需要的多种市场形式，既要搞好交易所式的市场建设，也要有效利用电子交易网络平台。鼓励有条件的地方整合各类流转服务平台，建立提供综合服务的市场。农村产权流转交易市场可以是独立的交易场所，也可以利用政务服务大厅等场所，形成"一个屋顶之下、多个服务窗口、多品种产权交易"的综合平台。

三、运行和监管

（八）交易品种。农村产权类别较多，权属关系复杂，承载功能多样，适用规则不同，应实行分类指导。法律没有限制的品种均可以入市流转交易，流转交易的方式、期限和流转交易后的开发利用要遵循相关法律、法规和政策。现阶段的交易品种主要包括：

1. 农户承包土地经营权。是指以家庭承包方式承包的耕地、草地、养殖水面等经营权，可以采取出租、入股等方式流转交易，流转期限由流转双方在法律规定范围内协商确定。

2. 林权。是指集体林地经营权和林木所有权、使用权，可以采取出租、转让、入股、作价出资或合作等方式流转交易，流转期限不能超过法定期限。

3. "四荒"使用权。是指农村集体所有的荒山、荒沟、荒丘、荒滩使用权。采取家庭承包方式取得的，按照农户承包土地经营权有关规定进行流转交易。以其他方式承包的，其承包经营权可以采取转让、出租、入股、抵押等方式进行流转交易。

4. 农村集体经营性资产。是指由农村集体统一经营管理的经营性资产（不含土地）的所有权或使用权，可以采取承包、租赁、出让、入股、合资、合作等方式流转交易。

5. 农业生产设施设备。是指农户、农民合作组织、农村集体和涉农企业等拥有的农业生产设施设备，可以采取转让、租赁、拍卖等方式流转交易。

6. 小型水利设施使用权。是指农户、农民合作组织、农村集体和涉农企业等拥有的小型水利设施使用权，可以采取承包、租赁、转让、抵押、股份合作等方式流转交易。

7. 农业类知识产权。是指涉农专利、商标、版权、新品种、新技术等，可以采取转让、出租、股份合作等方式流转交易。

8. 其他。农村建设项目招标、产业项目招商和转让等。

（九）交易主体。凡是法律、法规和政策没有限制的法人和自然人均可以进入市场参与流转交易，具体准入条件按照相关法律、法规和政策执行。现阶段市场流转交易主体主要有农户、农民合作社、农村集体经济组织、涉农企业和其他投资者。农户拥有的产权是否入市流转交易由农户自主决定。任何组织和个人不得强迫或妨碍自主交易。一定标的额以上的农村集体资产流转必须进入市场公开交易，防止暗箱操作。农村产权流转交易市场要依法对各类市场主体的资格进行审查核实、登记备案。产权流转交易的出让方必须是产权权利人，或者受产权权利人委托的受托人。除农户宅基地使用权、农民住房财产权、农户持有的集体资产股权之外，流转交易的受让方原则上没有资格限制（外资企业和境外投资者按照有关法律、法规执行）。对工商企业进入市场流转交易，要依据相关法律、法规和政策，加强准入监管和风险防范。

（十）服务内容。农村产权流转交易市场都应提供发布交易信息、受理交易咨询和申请、协助产权查询、组织交易、出具产权流转交易鉴证书，协助办理产权变更登记和资金结算手续等基本服务；可以根据自身条件，开展资产评估、法律服务、产权经纪、项目推介、抵押融资等配套服务，还可以引入财会、法律、资产评估等中介服务组织以及银行、保险等金融机构和担保公司，为农村产权流转交易提供专业化服务。

（十一）管理制度。农村产权流转交易市场要建立健全规范的市场管理制度和交易规则，对市场运行、服务规范、中介行为、纠纷调处、收费标准等作出具体规定。实行统一规范的业务受理、信息发布、交易签约、交易中（终）止、交易（合同）鉴证、档案管理等制度，流转交易的产权应无争议，发布信息应真实、准确、完整，交易品种和方式应符合相应法律、法规和政策，交易过程应公开公正，交易服务应方便农民群众。

（十二）监督管理。农村产权流转交易监督管理委员会和市场主管部门要强化监督管理，加强定期检查和动态监测，促进交易公平，防范交易风险，确保市场规范运行。及时查处各类违法违规交易行为，严禁隐瞒信息、暗箱操作、操纵交易。耕地、林地、草地、水利设施等产权流转交易后的开发利用，不能改变用途，不能破坏农业综合生产能力，不能破坏生态功能，有关部门要加强监管。

（十三）行业自律。探索建立农村产权流转交易市场行业协会，充分发挥其推动行业发展和行业自律的积极作用。协会要推进行业规范、交易制度和服务标准建设，加强经验交流、政策咨询、人员培训等服务；增强行业自律意识，自觉维护行业形象，提升市场公信力。

四、保障措施

（十四）扶持政策。各地要稳步推进农村集体产权制度改革，扎实做好土地承包经营权、集体建设用地使用权、农户宅基地使用权、林权等确权登记颁证工作。实行市场建设和运营财政补贴等优惠政策，通过采取购买社会化服务或公益性岗位等措施，支持充分利用现代信息技术建立农村产权流转交易和管理信息网络平台，完善服务功能和手段。组织从业人员开展业务培训，积极培育市场中介服务组织，逐步提高专业化水平。

（十五）组织领导。各地要加强领导，健全工作机制，严格执行相关法律、法规和政策；从本地实际出发，根据农村产权流转交易需要，制定管理办法和实施方案。农村工作综合部门和科技、财政、国土资源、住房城乡建设、农业、水利、林业、金融等部门要密切配合，加强指导，及时研究解决工作中的困难和问题。

（资料来源：国务院办公厅，2014 – 12 – 30。）

中国农村金融论坛
CHINA RURAL FINANCE FORUM

附件六

农村两权抵押贷款试点动向

国务院关于开展农村承包土地的经营权和农民住房财产权抵押贷款试点的指导意见

国发〔2015〕45 号

各省、自治区、直辖市人民政府，国务院各部委、各直属机构：

为进一步深化农村金融改革创新，加大对"三农"的金融支持力度，引导农村土地经营权有序流转，慎重稳妥推进农民住房财产权抵押、担保、转让试点，做好农村承包土地（指耕地）的经营权和农民住房财产权（以下统称"两权"）抵押贷款试点工作，现提出以下意见。

一、总体要求

（一）指导思想。

全面贯彻党的十八大和十八届三中、四中全会精神，深入落实党中央、国务院决策部署，按照所有权、承包权、经营权三权分置和经营权流转有关要求，以落实农村土地的用益物权、赋予农民更多财产权利为出发点，深化农村金融改革创新，稳妥有序开展"两权"抵押贷款业务，有效盘活农村资源、资金、资产，增加农业生产中长期和规模化经营的资金投入，为稳步推进农村土地制度改革提供经验和模式，促进农民增收致富和农业现代化加快发展。

（二）基本原则。

一是依法有序。"两权"抵押贷款试点要坚持于法有据，遵守土地管理法、城市房地产管理法等有关法律法规和政策要求，先在批准范围内开展，待试点积累经验后再稳步推广。涉及被突破的相关法律条款，应提请全国人大常委会授权在试点地区暂停执行。

二是自主自愿。切实尊重农民意愿，"两权"抵押贷款由农户等农业经营主体自愿申请，确保农民群众成为真正的知情者、参与者和受益者。流转土地的经营权抵押需经承包农户同意，抵押仅限于流转期内的收益。金融机构要在财务可持续基础上，按照有关规定自主开展"两权"抵押贷款业务。

三是稳妥推进。在维护农民合法权益前提下，妥善处理好农民、农村集体经济组织、金融机构、政府之间的关系，慎重稳妥推进农村承包土地的经营权抵押贷款试点和农民住房财产权抵押、担保、转让试点工作。

四是风险可控。坚守土地公有制性质不改变、耕地红线不突破、农民利益不受损的底线。完善试点地区确权登记颁证、流转平台搭建、风险补偿和抵押物处置机制等配套政策，防范、控制和化解风险，确保试点工作顺利平稳实施。

二、试点任务

（一）赋予"两权"抵押融资功能，维护农民土地权益。在防范风险、遵守有关法律法规和农村土地制度改革等政策基础上，稳妥有序开展"两权"抵押贷款试点。加强制度建设，引导和督促金融机构始终把维护好、实现好、发展好农民土地权益作为改革试点的出发点和落脚点，落实"两权"抵押融资功能，明确贷款对象、贷款用途、产品设计、抵押价值评估、抵押物处置等业务要点，盘活农民土地用益物权的财产属性，加大金融对"三农"的支持力度。

（二）推进农村金融产品和服务方式创新，加强农村金融服务。金融机构要结合"两权"的权能属性，在贷款利率、期限、额度、担保、风险控制等方面加大创新支持力度，简化贷款管理流程，扎实推进"两权"抵押贷款业务，切实满足农户等农业经营主体对金融服务的有效需求。鼓励金融机构在农村承包土地的经营权剩余使用期限内发放中长期贷款，有效增加农业生产的中长期信贷投入。鼓励对经营规模适度的农业经营主体发放贷款。

（三）建立抵押物处置机制，做好风险保障。因借款人不履行到期债务或者发生当事人约定的情形需要实现抵押权时，允许金融机构在保证农户承包权和基本住房权利前提下，依法采取多种方式处置抵押物。完善抵押物处置措施，确保当借款人不履行到期债务或者发生当事人约定的情形时，承贷银行能顺利实现抵押权。农民住房财产权（含宅基地使用权）抵押贷款的抵押物处置应与商品住房制定差别化规定。探索农民住房财产权抵押担保中宅基地权益的实现方式和途径，保障抵押权人合法权益。对农民住房财产权抵押贷款的抵押物处置，受让人原则上应限制在相关法律法规和国务院规定的范围内。

（四）完善配套措施，提供基础支撑。试点地区要加快推进农村土地承包经营权、宅基地使用权和农民住房所有权确权登记颁证，探索对通过流转取得的农村承包土地的经营权进行确权登记颁证。农民住房财产权设立抵押的，需将宅基地使用权与住房所有权一并抵押。按照党中央、国务院确定的宅基地制度改革试点工作部署，探索建立宅基地使用权有偿转让机制。依托相关主管部门建立完善多级联网的农村土地产权交易平台，建立"两权"抵押、流转、评估的专业化服务机制，支持以各种合法方式流转的农村承包土地的经营权用于抵押。建立健全农村信用体系，有效调动和增强金融机构支农的积极性。

（五）加大扶持和协调配合力度，增强试点效果。人民银行要支持金融机构积极稳妥参与试点，对符合条件的农村金融机构加大支农再贷款支持力度。银行业监督管理机构要研究差异化监管政策，合理确定资本充足率、贷款分类等方面的计算规则和激励政策，支持金融机构开展

"两权"抵押贷款业务。试点地区要结合实际，采取利息补贴、发展政府支持的担保公司、利用农村土地产权交易平台提供担保、设立风险补偿基金等方式，建立"两权"抵押贷款风险缓释及补偿机制。保险监督管理机构要进一步完善农业保险制度，大力推进农业保险和农民住房保险工作，扩大保险覆盖范围，充分发挥保险的风险保障作用。

三、组织实施

（一）加强组织领导。人民银行会同中央农办、发展改革委、财政部、国土资源部、住房城乡建设部、农业部、税务总局、林业局、法制办、银监会、保监会等单位，按职责分工成立农村承包土地的经营权抵押贷款试点工作指导小组和农民住房财产权抵押贷款试点工作指导小组（以下统称指导小组），切实落实党中央、国务院对"两权"抵押贷款试点工作的各项要求，按照本意见指导地方人民政府开展试点，并做好专项统计、跟踪指导、评估总结等相关工作。指导小组办公室设在人民银行。

（二）选择试点地区。"两权"抵押贷款试点以县（市、区）行政区域为单位。农村承包土地的经营权抵押贷款试点主要在农村改革试验区、现代农业示范区等农村土地经营权流转较好的地区开展；农民住房财产权抵押贷款试点原则上选择国土资源部牵头确定的宅基地制度改革试点地区开展。省级人民政府按照封闭运行、风险可控原则向指导小组办公室推荐试点县（市、区），经指导小组审定后开展试点。各省（区、市）可根据当地实际，分别或同时申请开展农村承包土地的经营权抵押贷款试点和农民住房财产权抵押贷款试点。

（三）严格试点条件。"两权"抵押贷款试点地区应满足以下条件：一是农村土地承包经营权、宅基地使用权和农民住房所有权确权登记颁证率高，农村产权流转交易市场健全，交易行为公开规范，具备较好基础和支撑条件；二是农户土地流转意愿较强，农业适度规模经营势头良好，具备规模经济效益；三是农村信用环境较好，配套政策较为健全。

（四）规范试点运行。人民银行、银监会会同相关单位，根据本意见出台农村承包土地的经营权抵押贷款试点管理办法和农民住房财产权抵押贷款试点管理办法。银行业金融机构根据本意见和金融管理部门制定的"两权"抵押贷款试点管理办法，建立相应的信贷管理制度并制定实施细则。试点地区成立试点工作小组，严格落实试点条件，制定具体实施意见、支持政策，经省级人民政府审核后，送指导小组备案。集体林地经营权抵押贷款和草地经营权抵押贷款业务可参照本意见执行。

（五）做好评估总结。认真总结试点经验，及时提出制定修改相关法律法规、政策的建议，加快推动修改完善相关法律法规。人民银行牵头负责对试点工作进行跟踪、监督和指导，开展年度评估。试点县（市、区）应提交总结报告和政策建议，由省级人民政府送指导小组。指导小组形成全国试点工作报告，提出相关政策建议。全部试点工作于2017 年底前完成。

（六）取得法律授权。试点涉及突破《中华人民共和国物权法》第一百八十四条、《中华人民共和国担保法》第三十七条等相关法律条款，由国务院按程序提请全国人大常委会授权，允许试点地区在试点期间暂停执行相关法律条款。

国务院
2015 年 8 月 10 日

农村土地和金融改革的重要创新
央行有关负责人详解农村两权抵押贷款试点

《国务院关于开展农村承包土地的经营权和农民住房财产权抵押贷款试点的指导意见》24 日公布。指导意见决定，由中国人民银行会同中央农办等 11 部门，组织开展农村承包土地的经营权和农民住房财产权（"两权"）抵押贷款试点。央行有关负责人就相关问题回答了记者提问。

盘活农村土地资产，为农村金融注入新活力

问：为何要开展"两权"抵押贷款试点？

答：开展农村"两权"抵押贷款试点是党的十八届三中全会提出的明确任务，是我国农村土地制度改革和农村金融体制改革的重要制度创新。

当前，我国正处于由传统农业向现代农业转变的关键时期，农村土地经营权流转明显加快，发展适度规模经营是现实选择，传统农户和家庭农场等新型农业经营主体对盘活"两权"存量资产存在现实需求。近年来，在地方政府及有关部门组织推动下，金融机构采取多种灵活方式，因地制宜探索开展农村"两权"抵押贷款业务，部分地区制定了制度办法，积累了经验。但是，各地"两权"抵押贷款业务标准不一、做法不同，缺乏完善的法律法规及制度保障，需要通过改革试点逐步完善。

慎重稳妥开展"两权"抵押贷款试点，是适应农业现代化发展、

适度规模经营和新型城镇化的现实需要，有利于盘活农村土地资产，增强农村土地资源效能，推进农村金融产品和服务方式创新，为农村金融注入新活力，提高农民贷款的可获得性和便利性，促进农业现代化加快发展。

确保农民成为真正的知情者、参与者和受益者

问：试点的总体原则是什么？

答：一是依法有序。试点要坚持于法有据，先在批准范围内开展，待试点积累经验后再稳步推广。涉及突破相关法律条款的，提请全国人大常委会授权在试点地区暂停执行。

二是自主自愿。"两权"抵押贷款由农户等农业经营主体自愿申请，确保农民群众成为真正的知情者、参与者和受益者。

三是稳妥推进。在维护农民合法权益前提下，妥善处理好农民、农村集体经济组织、金融机构、政府之间关系，慎重稳妥推进试点工作。

四是风险可控。坚持土地公有制性质不改变、耕地红线不突破、农民利益不受损的底线。完善试点地区各项配套政策，防范、控制和化解风险，确保试点工作顺利平稳实施。

赋予"两权"抵押融资功能，推进农村金融创新

问：试点的主要内容是什么？

答：试点主要围绕以下五方面稳步推进：

一是赋予"两权"抵押融资功能。加强制度建设，引导和督促金融机构始终把维护好、实现好、发展好农民土地权益作为改革试点的出发点和落脚点，落实"两权"抵押融资功能，盘活农民土地用益物权的财产属性。

二是推进农村金融产品和服务方式创新。金融机构要结合"两权"的权能属性，在贷款利率、期限、额度、担保、风险控制等方面加大创新支持力度。

三是建立抵押物处置机制。允许金融机构在保证农户承包权和基本住房权利前提下，依法采取多种方式处置抵押物，完善抵押物处置措施。对农民住房财产权抵押贷款的抵押物处置，受让人原则上应限制在相关法律法规和国务院规定的范围内。

四是完善配套措施。试点地区要加快推进确权登记颁证，做好"两权"价值评估，建立完善农村土地产权交易平台，建立"两权"抵押、流转、评估的专业化服务机制，健全农村信用体系。

五是加大扶持和协调配合力度。在货币政策、财政政策、监管政策、保险保障等方面，加大扶持和协调配合力度。

在保护农民合法权益、尊重农民意愿的前提下开展

问：试点地区的选择有哪些条件？试点过程中如何保障农民合法权益？

答："两权"抵押贷款试点以县（市、区）行政区域为单位。农村承包土地的经营权抵押贷款试点，主要在农村改革试验区、现代农业示范区等农村土地经营权流转较好的地区开展；农民住房财产权抵押贷款试点，原则上选择国土资源部牵头确定的宅基地制度改革试点地区开展。

试点地区需要满足确权登记颁证率高，农村产权流转交易市场健全，农户土地流转意愿较强，农业适度规模经营势头良好，农村信用环境较好，配套政策较为健全等条件。

党中央、国务院多次强调农村土地制度相关改革要在保护农民合法权益、尊重农民意愿的前提下开展。为保护农户的合法权益、防范试点

潜在风险，指导意见提出了四个方面的要求：

一是明确"两权"抵押贷款由农户、家庭农场、农民合作社等农业经营主体自愿申请，保证农民群众成为真正的知情者、参与者和受益者。

二是强调要坚守土地公有制性质不改变、耕地红线不突破、农民利益不受损的底线。

三是强调要支持农业适度规模经营，鼓励对经营规模适度的农业经营主体发放贷款。

四是要求试点地区政府采取利息补贴、发展政府支持的担保公司、利用农村土地产权交易平台提供担保、设立风险补偿基金等方式，建立"两权"抵押贷款风险缓释及补偿机制。

（资料来源：新华社　北京 2015 年 8 月 24 日电。）

全国人民代表大会常务委员会关于授权国务院在北京市大兴区等 232 个试点县（市、区）、天津市蓟县等 59 个试点县（市、区）行政区域分别暂时调整实施有关法律规定的决定

（2015 年 12 月 27 日第十二届全国人民代表大会
常务委员会第十八次会议通过）

为了落实农村土地的用益物权，赋予农民更多财产权利，深化农村金融改革创新，有效盘活农村资源、资金、资产，为稳步推进农村土地制度改革提供经验和模式，第十二届全国人民代表大会常务委员会第十八次会议决定：授权国务院在北京市大兴区等 232 个试点县（市、区）行政区域，暂时调整实施《中华人民共和国物权法》、《中华人民共和国担保法》关于集体所有的耕地使用权不得抵押的规定；在天津市蓟县等 59 个试点县（市、区）行政区域暂时调整实施《中华人民共和国物权法》、《中华人民共和国担保法》关于集体所有的宅基地使用权不得抵押的规定。上述调整在 2017 年 12 月 31 日前试行。暂时调整实施有关法律规定，必须坚守土地公有制性质不改变、耕地红线不突破、农民利益不受损的底线，坚持从实际出发，因地制宜。国务院及其有关部门要完善配套制度，加强对试点工作的整体指导和统筹协调、监督管理，按程序、分步骤审慎稳妥推进，防范各种风险，及时总结试点工作经验，并就暂时调整实施有关法律规定的情况向全国人民代表大会常务委员会作出报告。

试点县（市、区）名单和暂时调整实施有关法律规定目录附后。

本决定自 2015 年 12 月 28 日起施行。

农村承包土地的经营权抵押贷款
试点县（市、区）名单（232 个）

所在省（区、市）	试点县（市、区）
北京市	大兴区、平谷区
天津市	宝坻区、武清区
河北省	玉田县、邱县、张北县、平乡县、威县、饶阳县
山西省	运城市盐湖区、新绛县、潞城市、太谷县、定襄县、曲沃县
内蒙古自治区	呼伦贝尔市阿荣旗、兴安盟扎赉特旗、开鲁县、锡林郭勒盟镶黄旗、鄂尔多斯市达拉特旗、巴彦淖尔市临河区、赤峰市克什克腾旗、包头市土默特右旗
辽宁省	海城市、东港市、辽阳县、盘山县、昌图县、瓦房店市、沈阳市于洪区
吉林省	榆树市、农安县、永吉县、敦化市、梨树县、柳河县、洮南市、东辽县、前郭尔罗斯蒙古族自治县、抚松县、梅河口市、公主岭市、珲春市、龙井市、延吉市
黑龙江省	克山县、方正县、讷河市、延寿县、五常市、哈尔滨市呼兰区、桦川县、克东县、富锦市、汤原县、兰西县、庆安县、密山市、绥滨县、宝清县
江苏省	东海县、泗洪县、沛县、金湖县、泰州市姜堰区、太仓市、如皋县、东台市、无锡市惠山区、南京市高淳区
浙江省	龙泉市、长兴县、海盐市、慈溪市、温岭市、衢州市蒲江区、缙云县、嵊州市、嘉善县、德清县
安徽省	宿州市埇桥区、金寨县、铜陵县、庐江县、阜阳市颍泉区、黄山市黄山区、定远县、涡阳县、宿松县、凤台县
福建省	漳浦县、建瓯市、沙县、仙游县、福清市、武平县、永春县、屏南县、邵武县、古田县
江西省	安义县、乐平市、铜鼓县、修水县、金溪县、新干县、信丰县、吉安县、贵溪县、赣县
山东省	东营市河口区、青州市、平度市、沂南县、武城县、枣庄市台儿庄区、沂源县、寿光市、莘县、乐陵市

续表

所在省（区、市）	试点县（市、区）
河南省	长垣县、安阳县、宝丰县、邓州市、济源市、长葛市、遂平县、固始县、浚县
湖北省	钟祥市、武汉市黄陂区、宜昌市夷陵区、鄂州市梁子湖区、随县、南漳县、大冶市、公安县、武穴市、云梦县
湖南省	汉寿县、岳阳县、新田县、桃江县、洞口县、沅陵县、慈利县、双峰县
广东省	蕉岭县、阳山县、德庆县、郁南县、廉江市、罗定市、英德市
广西壮族自治区	田阳县、田东县、玉林市玉州区、象州县、南宁市武鸣区、东兴市、北流市、兴业县
海南省	东方市、屯昌县、文昌市
重庆市	永川区、梁平区、潼南区、荣昌区、忠县、铜梁区、南川区、巴南区、武隆县、秀山土家族苗族自治县
四川省	成都市温江区、崇州市、眉山市彭山区、内江市市中区、蓬溪县、西充县、巴中市巴州区、武胜县、井研县、苍溪县
贵州省	德江县、水城县、湄潭县、兴仁县、盘县、普定县、安龙县、开阳县、六盘水市六枝特区
云南省	开远市、砚山县、剑川县、鲁甸县、景谷傣族彝族自治县、富民县
西藏自治区	曲水县、米林县
陕西省	杨陵区、平利县、西安市高陵区、富平县、千阳县、南郑县、宜川县、铜川市耀州区
甘肃省	西和县、金昌市金昌区、武威市凉州区、陇西县、临夏县、金塔县
青海省	大通回族土族自治县、互助土族自治县、门源回族自治县、海晏县、海东市乐都区
宁夏回族自治区	平罗县、中卫市沙坡头区、同心县、永宁县、贺兰县
新疆维吾尔自治区	呼图壁县、沙湾县、博乐市、阿克苏市、克拉玛依市克拉玛依区

农民住房财产权抵押贷款
试点县（市、区）名单（59个）

所在省（区、市）	试点县（市、区）
天津市	蓟县
山西省	晋中市榆次区
内蒙古自治区	和林格尔县、乌兰浩特市
辽宁省	铁岭县、开原市
吉林省	长春市九台区
黑龙江省	林甸县、方正县、杜尔伯特蒙古族自治县
江苏省	常州市武进区、仪征市、泗洪县
浙江省	乐清市、青田县、义乌市、瑞安市
安徽省	金寨县、宣城市宣州区
福建省	晋江市、古田县、上杭县、石狮市
江西省	余江县、会昌县、婺源县
山东省	肥城市、滕州市、汶上县
河南省	滑县、兰考县
湖北省	宜城市、武汉市江夏区
湖南省	浏阳市、耒阳市、麻阳苗族自治县
广东省	五华县、连州市
广西壮族自治区	田阳县
海南省	文昌市、琼中黎族苗族自治县
重庆市	江津区、开县、酉阳土家族苗族自治县
四川省	泸县、郫县、眉山市彭山区
贵州省	金沙县、湄潭县
云南省	大理市、丘北县、武定县
西藏自治区	曲水县
陕西省	平利县、西安市高陵区
甘肃省	陇西县
青海省	湟源县
宁夏回族自治区	平罗县
新疆维吾尔自治区	伊宁市

授权国务院在北京市大兴区等 232 个试点县（市、区）、天津市蓟县等 59 个试点县（市、区）行政区域分别暂时调整实施有关法律规定目录

法律规定	内容
《中华人民共和国物权法》第一百八十四条："下列财产不得抵押： （一）土地所有权； （二）耕地、宅基地、自留地、自留山等集体所有的土地使用权，但法律规定可以抵押的除外； （三）学校、幼儿园、医院等以公益为目的的事业单位、社会团体的教育设施、医疗卫生设施和其他社会公益设施； （四）所有权、使用权不明或者有争议的财产； （五）依法被查封、扣押、监管的财产； （六）法律、行政法规规定不得抵押的其他财产。"	暂时调整实施集体所有的耕地使用权、宅基地使用权不得抵押的规定。在防范风险、遵守有关法律规定和农村土地制度改革等政策的基础上，赋予农村承包土地（指耕地）的经营权和农民住房财产权（含宅基地使用权）抵押融资功能，在农村承包土地的经营权抵押贷款试点地区，允许以农村承包土地的经营权抵押贷款；在农民住房财产权抵押贷款试点地区，允许以农民住房财产权抵押贷款。
《中华人民共和国担保法》第三十七条："下列财产不得抵押： （一）土地所有权； （二）耕地、宅基地、自留地、自留山等集体所有的土地使用权，但本法第三十四条第（五）项、第三十六条第三款规定的除外； （三）学校、幼儿园、医院等以公益为目的的事业单位、社会团体的教育设施、医疗卫生设施和其他社会公益设施； （四）所有权、使用权不明或者有争议的财产； （五）依法被查封、扣押、监管的财产； （六）依法不得抵押的其他财产。"	

参 考 文 献

[1] 阿道夫·A.伯利、加德纳·C.米恩斯：《现代公司与私有财产》，甘华鸣等译，北京，商务印书馆，2005。

[2] 陈利根等：《无锡、常州集体建设用地流转的比较及启示》，载《中国土地》，2009（5）。

[3] 陈锡文："在农村集体产权制度改革研究座谈会上的演讲"，北京，2014－12－01。

[4] 陈小君等：《农村土地问题立法研究》，147页，北京，经济科学出版社，2012。

[5] 党国英：《论农村集体产权》，载《中国农村观察》，1998（4）。

[6] 邓道勇：《云南农村土地流转经营权抵押在曲靖破冰》，载《中国经济时报》，2014－05－05（B7）。

[7] 段思午、刘若筠：《东莞密集出台农村改革政策》，载《南方日报》，2012－08－31。

[8] 甘藏春："在中国土地政策与法律研究圆桌论坛2014上的主题发言"，http：//clpl. cau. edu. cn/newsshow. php? newsid＝49703，访问时间：2014－10－07。

[9] 高飞：《集体土地所有权主体制度研究》，60～63页，北京，法律出版社，2012。

[10] 高杨：《北京农村集体账内资产超5000亿元》，载《农民日报》，2014－11－03（B1）。

[11] 国土资源部：《浙江、上海、江苏集体建设用地流转调研报

告——集体建设用地流转调研分报告之一》，http：//blog. sina. com. cn/s/blog_ 54a1f6bc0100b3s5. html，2001，访问时间：2014 - 10 - 07。

[12] 国务院发展研究中心：《关于农村集体产权制度改革的初步思考》，2014a，2014 - 03 - 12，工作报告。

[13] 国务院发展研究中心：《关于农村集体产权制度改革有关理论和政策问题研究的汇报》，2014b，2014 - 05 - 27，工作报告。

[14] 国务院发展研究中心：《关于深化农村集体产权制度改革有关理论及法律问题研究》，2014c，2014 - 09 - 15，工作报告。

[15] 国务院发展研究中心：《推进农村集体产权制度改革需要处理好若干重大关系》，2014d，2014 - 12 - 08，工作报告。

[16] 韩俊、张云华、王宾：《以还权于民为根本出发点推进农村集体产权制度改革》，国务院发展研究中心《调查研究报告》，第 83 号，2014。

[17] 韩俊、伍振军：《上海市镇级集体资产产权制度改革的经验与启示》，国务院发展研究中心《调查研究报告》，第 85 号，2014。

[18] 韩松：《农村改革与集体所有权的完善》，载《江海学刊》，2009（1）。

[19] 河南省地调队农产量与农村住户处：《河南种粮大户问卷调查报告》，http：//www. ha. stats. gov. cn/hntj/tjfw/tjfx/qsfx/ztfx/webinfo/2013/08/1376901333809401. htm，2014，访问时间：2014 - 05 - 04。

[20] 贺雪峰：《周其仁到底有没有农地问题的常识》，http：//news. 163. com/14/0925/14/A70AN5FS00014SEH. html，2014，访问时间：2014 - 09 - 28。

[21] 黄延信、余葵：《农村集体经济实现形式的实践探索与思考——农村集体产权制度改革问题研究报告》，载黄延信主编《农村集体产权制度改革实践与探索》，北京，中国农业出版社，2014。

[22] 蒋宏坤、韩俊：《城乡一体化的苏州实践与创新》，北京，中

国发展出版社，2013。

［23］李明峰：《东莞转型：走出"租赁经济"》，载《第一财经日报》，2009 - 06 - 04。

［24］刘放生：《"农村土地制度考察报告"之附件"世界农地制度的近现代转型"》（摘自中国社科院世界政治与经济研究所刘振邦著《当代世界农业》，郑州，中原农民出版社，1993 年第 1 版），载《中国乡村发现》，2013（1）（转自 http：//www. zgxcfx. com/Article/62552. html，访问时间：2014 - 08 - 11）。

［25］刘守英：《集体所有制如何"三权分离"》，http：//clpl. cau. edu. cn/newsshow. php？newsid = 49704，2014a，访问时间：2014 - 10 - 07。

［26］刘守英：《直面中国土地问题》，45 页，北京，中国发展出版社，2014b。

［27］刘玉海：《重塑东莞》，载《21 世纪经济报道》，2014 - 03 - 22。

［28］罗必良：《理解农民土地产权的实现形式》，在"土地股份合作与集体经济有效实现形式高端论坛"上的演讲，http：//opinion. caixin. com/2014 - 10 - 01/100735130. html，2014，访问时间：2014 - 10 - 06。

［29］孟祥舟：《对浙江省农村集体建设用地流转的若干思考》，载《中国房产》，2013（8）。

［30］柏兰芝：《集体的重构：珠江三角洲地区农村产权制度的演变——以"外嫁女"争议为例》，载《开放时代》，2013（3）。

［31］上海松江区农委：《关于进一步巩固家庭农场发展的指导意见》，http：//sj. shac. gov. cn/zt/201111/t20111115 _ 1308875. htm，2011，访问时间：2014 - 05 - 06。

［32］上海松江区农委：《关于进一步规范家庭农场发展的意见》，

http：//sj. shac. gov. cn/jtnc/fczc/201307/t20130716 _ 1370619. htm，2013，访问时间：2014 - 05 - 03。

[33] 史正富、刘昶：《看不见的所有者：现代企业的产权革命》，上海，上海人民出版社，2012。

[34] 王利民：《论我国农村土地权利制度的完善——以成员权为视角》，载《中国法学》，2012（1）。

[35] 王文、彭文英：《中国农村集体建设用地流转收益关系及分配政策研究》，北京，经济科学出版社，2013。

[36] 习近平：《在中央农村工作会议上的讲话》，载《十八大以来重要文献选编（上）》，北京，中央文献出版社，2014。

[37] 小川竹一：《中国集体土地所有权与总有论》，原文发表于[日]《岛大法学》第 49 卷 4 号（2006 - 03），中文译文发表于《法学思潮》第 2 卷第 2 期，2006。

[38] 徐建华：《以改革创新推动农村集体经济转型发展》，载《学习与研究》，2013（10）。

[39] 叶兴庆：《合理界定农地所有权、承包权、经营权》，载《中国经济时报》，2013a。

[40] 叶兴庆：《台湾农地流转陷入困境给我们哪些警示》，载《2013 中国经济社会发展形势与对策——国务院研究室调研成果选》，147 ~ 152 页，北京，中国言实出版社，2013b。

[41] 叶兴庆：《农民"被城市化"过程中的集体资产处置问题——以上海浦东新区为例》，载《现代化与农民进城》，94 ~ 108 页，北京，中国言实出版社，2013c。

[42] 叶兴庆：《从"两权分离"到"三权分离"——我国农地产权制度的过去与未来》，载《中国党政干部论坛》，2014a（6）。

[43] 叶兴庆：《准确把握赋予农民更多财产权利的政策含义与实现路径》，载《农村经济》，2014b（2）。

［44］叶兴庆、张云华、伍振军：《农村产权流转交易市场有待健康发展》，载《中国经济时报》，2014 – 12 – 16（B5）。

［45］叶兴庆：《集体产权总体改革是顶层设计》，载《财经》，2015a（5）。

［46］叶兴庆：《准确把握农村集体产权制度改革的方法论》，载《中国发展观察》，2015b（2）。

［47］张红宇：《完善农村承包土地和农村宅基地法律法规和政策研究》，清华大学中国农村研究院课题报告，2013。

［48］张红宇：《构建以"三权分离"为特征的新型农地制度》，载《中国经济时报》，2014 – 07 – 26。

［49］张红宇、王刚：《农村集体产权改革的重大问题》，载《财经》，2014（30）。

［50］张路雄：《中国耕地制度存在的问题及不可回避的政策选择》，课题研究报告，2008 – 12。

［51］张路雄：《国外土地制度中一些值得借鉴的问题》，课题研究报告，2009 – 03 – 23。

［52］张云华：《完善与改革农村宅基地制度研究》，北京，中国农业出版社，2011。

［53］浙江省农业厅课题组：《种粮大户形成和发展机制研究——来自绍兴、金华两市 300 个大户的调查与分析》，载《浙江现代农业》，2006（1）。

［54］周其仁：《中国农村改革：国家与土地所有权关系的变化——一个经济制度变迁史的回顾》，载《中国社会科学季刊》（香港），1995（6）（载周其仁著《产权与制度变迁》，北京，北京大学出版社，2004）。

［55］祝卫东：《关于完善农村土地制度问题》，演讲稿，2014。